북한의 군부

북한을 움직이는 힘,
군부의 패권경쟁

KB078643

차 례

Contents

김정일 시대 북한의 군부

2011년 12월 17일, 북한정권의 절대 권력자였던 김정일의 사망은 충격적이었다. 김정일의 사망은 1994년 7월, 김일성의 사망보다는 덜 충격적이었지만, 북한 주민들에게 김 씨 일가가 신이 아닌 일반사람이라는 인식을 다시 한 번 심어 주기에 충분했다.

이런 가운데 제3대 권력승계자 김정은에 대한 우상화 작업에 군부가 앞장섰다. 이는 명령지휘권을 바탕으로 먼저 군대에 세뇌교육을 시작해 김정은을 김일성이나 김정일에 버금가는 신으로 만들겠다는 포석이 깔려있다.

이것은 1994년부터 시작된 김정일식 정치방식인 이른바 '선군정치'이다. 선군정치는 북한사회에서 군대가 차지하는 지위와 역할을 반영한 것으로 군부는 김정은에게 있어 필요하면서도 불안한 존재가 아닐 수 없다.

김정은의 후견인인 장성택이 김정일 장례식장에 인민군대장 군복을 입고 나타난 것과 2011년 9월 27일 김정은과 김경희, 최용해, 김경옥 등 민간인들이 인민군 대장 군사칭호를 받은 것, 그리고 2012년 2월 16일 기념보고대회에 장성택, 박도춘, 주규창이 군복을 입고 참가한 것은 그만큼 북한에서 군대가 차지하는 지위와 역할이 막강하다는 것이다. 김일성 시대나 김정일 시대에 김 부자의 친인척이나 최측근들이 공개적으로 군사칭호를 받거나 군복을 입었던 일이 없었던 것은 그만큼 노동당에 의한 군부통제가 원만해 군대가 안정적이었다는 것을 의미한다.

하지만 김정일 사망 1년을 전후해 북한의 내부상황을 보면 김정일 이외의 북한 지도부는 군대를 확실하게 장악하고 있지 못하고 있다. 오히려 김정일이 만들어 놓은 선군정치라는 울타리 속에 더욱 깊숙이 갇히게 될 것이라는 우려가 제기 되고 있다.

북한이 선군정치의 원년이라고 선전했던 1995년은 김일성의 사망과 함께 '고난의 행군'이 시작된 해였으며 북한군의 인민무력부와 총참모부, 총정치국, 보위사령부에 대한 수직적인 통제와 상호견제 및 감시가 시작되었다. 그로 인해 군부의 체계가 기형적으로 변화하게 되었다. 인민무력부가 총참모부보다 서열상 더 높다는 것이 그 증거이다. 이러한 체제가 김정일 사망 이후까지 지속되어 결국은 아들 김정은에게까지 이어졌으며, 총참모장 이영호는 인민무력부장 김영춘보다 상위서열을 점하고 있다. 이런 불안정한 시스템은 김정은 체제하에서도 지속할 것으로 보인다.

이 책에서는 바로 이러한 기형적인 시스템 속에서의 북한군부를 새롭게 조명하여 군사정책 수립에서 노동당을 대표하는 당 중앙군사위원회와 정책집행을 주도하면서 군부에 대한 명령권한을 행사하는 국방위원회의 위치와 역할에 대하여 살펴볼 것이다. 그리고 북한군의 상부구조인 인민무력부와 총정치국, 총참모부와 보위사령부의 지위와 역할, 이들 간의 상호관계 등을 밝힘으로써 앞으로 김정은 체제에서의 군부의 역할과 그 관계에 대하여 미리 예측할 수 있는 기초적인 틀을 마련하고자 한다.

노동당 중앙군사위원회

조선노동당의 최고정책결정기구는 당 대회, 당 중앙위원회, 당 정치국이었다. 북한군사정책을 주도해온 당 군사위원회는 2010년 9월 당 대표자회의 전까지 오랫동안 정상적으로 가동되지 않았다. 그렇다고 북한의 군사정책 결정을 노동당이 아닌 국방위원회나 인민무력부가 주도한다는 것은 아니다. 군사정책의 수립과 집행에 대한 노동당의 권한과 지도는 여전히 존재하고 있으며, 다만 외형적인 면에서 공개적인 당 대회를 통한 정책결정이나 추진의 빈도수가 줄었을 따름이다. 정책결정 체제인 당 대회나 당 전원회의, 최고인민회의와 같은 외형적인 모양새는 갖추고 있지만 실제적으로 김정일의 서명을 받아 정책을 입안하고 집행하는 것은 모두 노동당 관료들의 권한이다. 물론 군사정책은 총참모부나 인민무력부 차원에서 해당 군사전문가들이 작성하고 구체화 한다. 그러나 이에 대한 지도와 통제는 군부를 담당한 당 군사위원회나 조직지도부, 국방위원회에서 하고 있다.

노동당 중앙위원회에서 공식적으로 군부를 담당하고 있는 당 중앙군사위원회는 1962년 12월 당 중앙위원회의 제4기 5차 전원회의에서 4대 군사노선이 채택되면서 당 중앙위원회에서 조직된 당 군사위원회가 모체이다. 1982년 11월부터 당 중앙군사위원회가 되었으며 북한 군사정책의 최고결정기관이자 노동당에서 유일하게 정규무력을 비롯한 비정규무력에 대한 명령·지시권 그리고 군수경제에 대한 지도권을 가지고 있다. 당 중앙군사위원회는 2010년 9월 당 전원회의에서 개정된 노동당규약 제27조를 통해 '당 군사정책 수행방법을 토의·결정하며 인민군을 포함한 전 무장력강화와 군수산업발전에 관한 사업을 조직, 지도'하며 군대를 지휘한다.

즉, 당 중앙군사위원회는 군사력의 운용에 관한 제반 정책의 최고결정기관이다. 당 우위 체제를 유지하는 북한의 군사정책은 역시 당이 최종결정권자이고, 이는 당 중앙군사위원장 명의로 공포됨으로써 실제로는 최고지도자가 행사한다는 것이다.

당 중앙군사위원회의 권위는 당과 군부뿐만 아니라 북한의 내
각과 각 기관, 기업소, 그리고 전 인민에게 영향력을 행사하고
있다. 또한 군·관·민이 총동원하는 현대전의 특성을 고려하고
전시사업의 일체성 유지를 감안하면 당 기구에서 전시업무를
직접 관장한다는 것은 당 중앙군사위원회가 북한의 핵심기구
로써 기능하고 있음을 의미한다.

당 조직지도부는 당내 상설기구의 기본 핵심부서로서 당
생활지도라는 명분으로 당 조직의 정점에서 당과 군대, 국가기
구 전반을 지도·통제한다. 당 조직지도부에는 당·군·국가기
구를 담당하는 8개의 과와 5개의 특별부서가 있다. 최주활 전
인민군 상좌의 증언에 따르면, 당 조직지도부 내에서 군사문제
와 직접적인 관련성이 없는 부서일지라도 과장은 전원 중장 계
급을 보유하고 있기 때문에 군사정책에 직·간접적으로 연관된
다고 한다. 이는 당 조직지도부가 필요시 언제든지 군대를 통제
할 수 있도록 하기 위한 것이다.

한편 북한은 2010년 9월 28일 열린 노동당 대표자회의를
통하여 예전의 당 중앙군사위원회 위원들을 해임하고 새로운
후임자를 임명하였으며, 새 부위원장 직제를 신설하고 여기에
후계자 김정은과 총참모장 리영호를 임명했다.

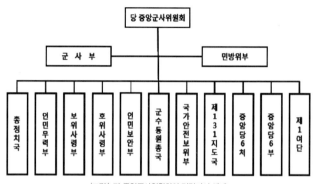

<그림1> 당 중앙군사위원회의 명령지시 체계.
*출처: 「조선노동당 중앙군사위원회 명령 제0015호」, (2004년 3월 10일)를 참고.

　　〈그림1〉에서 보는 것처럼 북한 내 전체 무력기관에 대한 명령·지시권은 당 군사위원회가 가지고 있는데 예하에 당 군사부를 두고 군대를 지도·통제하고, 민방위부를 두어 일체 민간 무력들을 지도·통제하고 있는 것으로 알려져 있다. 그러나 지금까지 유지되어 온 당 군사위원회의 지도통제력이 2009년 4월에 발표된 새로운 헌법에 따른 국방위원회의 지위상승으로 점차 약화되고 있다는 설도 있다. 그러나 김정일 사후 김정은이 발 빠르게 인민군 최고사령관으로 결정되고, 「노동신문」이 김정은을 당과 군대, 국가의 최고영도자로 표현한 것만큼 그가 노동당 총비서나 당 군사위원회 위원장, 국방위원회 위원장이 되는 것은 이미 정해진 수순이며, 이에 따라 앞으로 노동당을 중심으로 하는 북한 내 무력기관들의 권력구도 변화를 예견해 볼 수도 있다.

2011년에 새로 구성된 당 중앙군사위원회는 종전조직과 다른 특징을 가지고 있다. 예전에는 원로예우 차원에서 리을설, 리두익, 김익현, 백학림, 리하일 등 항일 1세대들이 포진되어 70~80대의 고령자들의 명예직과도 같았고, 개점휴업 상태나 다름없었다. 그러나 이번에 조직된 구성원들은 모두 군부와 군수경제의 실세들로 조직되었으며 이들의 지위는 국방위원회를 압도하고 있다. 총참모장 리영호, 인민무력부장 김영춘, 부총참모장 최부일, 총정치국 제1부국장 김정각, 작전국장 김명국, 보위사령관 김원홍, 해군사령관 정명도, 정찰총국장 김영철, 공군사령관 리병철, 호위사령관 윤정린, 당 군수공업부장 주규창, 호위사령부 정치위원 최상려, 제11폭풍군단장 최경성, 당 비서 최룡해, 당 행정부장 장성택이 새로 임명되었다. 이 중에서 김영춘, 장성택은 국방위원회 부위원장들이며 김정각과 주규창은 국방위원회 위원들이다.

　이는 선군정치로 강화된 군부의 역할에 제동을 걸고 국방위원회의 기능을 약화시켜 김정일 이후 체제에서는 노동당을 중심으로 군사정책을 수립하고 집행한다는 의지를 표현한 것으로 풀이된다. 또한 호위사령부에서 사령관과 정치위원이 군사위원회 위원으로 임명된 것은 앞으로 혹시 있게 될 군부의 독주를 견제하겠다는 의미이며 호위사령부는 원칙적으로 총참모부나 인민무력부의 지시를 받지 않는다. 제11폭풍군단은 지금까지 베일에 가려져 있었는데, 서열 상 국가안전보위부와 인민보안부를 제치고 김정은의 명령으로 북중국경지역에 대한 무자비한 검열을 통해 세상에 알려졌다. 이 군단은 김정은의 친위대임을 자처하는 북한군 특수부대들로 구성된 군단급무력이며, 정찰총국이나 교도지도국에는 소속되지 않는다. 그리고 〈그림1〉에서 보는 것처럼 북한의 핵무기와 미사일개발을 전담하고 있는 군수공업부나 제2경제위원회는 당 중앙군사위원회 소속이 아니다. 따라서 핵무기와 장거리 미사일은 북한군부가 아닌 노동당 중앙위 군수공업부가 보유하고 있고, 군수공업부는 김정은이 직접 지시를 내리며 호위사령부와 정찰총국, 교도지도국, 폭풍군단과 같은 특수부대들 역시 김정은에게 별도의 지시채널을 갖고 있다는 것이 정설이다.

노동당 조직지도부 내에는 북한 내 모든 기관들에 대한 당적 지도를 전담하는 당 생활 지도과가 있고 여기에는 총정치국을 전담하는 13과가 있다. 13과는 인민무력부 예하의 총정치국을 지시·통제함으로써 군에 대한 당적 통제체계를 형성하고 있는 것이다. 따라서 당 조직지도부는 13과를 통해 총정치국을 통제하고, 총정치국은 인민무력부를 통제함으로써 결국 당이 군을 통제하고 있는 셈이 되는 것이다. 당내 군사정책과 직접 관련이 있는 부서로는 당 군사부가 있다. 이는 비상설기구인 당 중앙군사위원회의 실무지원 부서로써 당 중앙군사위원회의 결정사항에 대한 세부계획을 수립하고 그 활동을 지원한다.

당 군사부는 군사 분야에 대한 당 사업을 감시·통제하고 정기·비정기적인 검열을 실시하며 검열결과에 따라 작전내용을 수정하거나 부대구조를 개편하기도 한다. 또한 당 군사부는 정규군뿐만 아니라 노농적위대, 붉은청년 근위대, 교도대(북한의 핵심 민간 군사조직) 등 민간무력에 대한 당적 통제를 담당했으나, 1988년 당 민방위부가 신설되면서 교도대를 제외한 준군사부대의 감독과 훈련을 당 민방위부로 이양하였다.

한편, 군내에는 각급 단위의 당 조직이 구성되어 인민군에 대한 정치 사업을 수행한다. 이는 당이 실질적으로 군에 대한 통제기능을 수행하는 것으로써 군대 내 중앙에는 조선인민군 당 위원회가 있고 연대급 이상의 부대에는 당 위원회, 대대에는 초급당 위원회, 중대와 소대에는 당 세포 및 당 분조가 각각 조직되어 있어 최하 말단 분대까지 당 조직이 가동되고 있다.

당 위원회와는 별도로 군대 내에 정치기관이라는 곳도 있으며 인민무력부 내에는 총정치국, 대대급 이상의 부대에는 정치부가 있다. 이와 같은 정치기관들은 각 군단, 사단, 연대 단위에는 정치위원을, 대대와 중대 단위에는 정치지도원을 파견하여 작전 및 훈련 등 모든 군사업무와 군대 내 정치 사업을 조종, 감독하고 있으며 모든 군사명령서에는 정치위원의 서명이 있어야 효력이 발생하는 군정배합제도를 실시하고 있다.

또한 당내 군사관련 기구로써 제2경제위원회를 들 수 있다. 제2경제위원회는 군사과학기술 발전정책과 군수산업을 별도로 전담하는 부서로 1979년 정무원 제2기계공업위원회에서 담당하던 군수산업에 대한 업무를 인수하여 당 군수공업부 직속기구로 설치되었다. 1990년대 초부터 김정일은 과학기술발전과

선진과학기술 도입에 깊은 관심을 가졌다. 제2차 과학기술발전 5개년 계획(2003~2008년)에서는 최신 군사장비 생산을 위한 국방공업의 현대화, 정보화, 핵 기술 연구 강화와 더불어 첨단기술 분야에서는 IT제품, 생명공학, 우주기술의 발전 등을 강조하였다.

다음으로 북한의 군부관련기구 중 최고사령관 직제는 공식적으로 존재하지 않으며 별도의 부서로 독립되어 있는 조직도 아니다. 북한군 최고사령관은 1950년 7월 4일 최고인민회의 상임위원회가 전시상태에 대처하기 위해 조직되었다. 이 기구는 '전반적 무력을 통일적으로 장악하고 지휘하는 기구로써 조선인민군 최고사령부'를 조직한 것에 대한 정령을 선포했다. 또한 조선인민군 최고사령부 창설에 대한 법적 근거를 마련하고 김일성을 최고사령관으로 임명하였다. 이후 1991년 12월 24일 개최된 당 중앙위원회 제6기 19차 전원회의에서 김일성은 김정일을 최고사령관으로 선출할 것을 제의했으며, 회의 결정을 통해 당 중앙위원회 정치국 상무위원 겸 당 비서인 김정일을 조선인민군 최고사령관으로 추대하였다. 김정일 사후 노동당 중앙위원회는 정치국회의를 열어 김정일의 2011년 10월 8일 유훈에 따라 김정은을 조선인민군 최고사령관으로 추대했다고 하는데, 김정일의 유훈이 무엇인지는 공개하지 않았다.

전시에는 집단지배체제보다는 단일지도체제가 지휘의 단일화 원칙에 부합되기 때문에 군 최고사령관의 직함이 필요한 것은 당연하다. 북한은 한국전쟁 이후 공개적으로는 최고사령관

직함을 사용하지 않다가 1972년 사회주의헌법 제93조에 주석의 당연겸직 조항으로 '전반적 무력의 최고사령관'이 상설 기능화 되면서 그 권한과 기능이 확대되었다. 1991년 김정일이 최고사령관으로 교체되기 전까지 북한군의 경제건설 동원 명령, 버마(현 미얀마) 아웅산 폭탄테러사건 등과 관련된 '준전시 상태'의 명령, 매년 한미간의 팀 스피릿(Team Spirit) 군사훈련 시 '전투동원태세' 명령 등을 최고사령부 보도를 통해서 내린 것으로 알려져 있다. 비록 전시가 아니더라도 대내외적으로 위기감을 고조시킬 필요가 있다고 판단될 때 최고사령부에서 명령을 하달한 것으로 보인다. 이는 한국전쟁 당시부터 각인된 최고사령부라는 상징적 효과를 최대한 활용하고자 한 것으로 풀이된다. 따라서 최고사령부는 전시에 대비한 전시편성 직제라고 할 수 있으며, 군사정책 결정기구라고 하기보다는 전시 통합지휘기구라고 할 수 있다.

북한의 군사정책 결정과정에서 조선인민군이 어떤 역할을 하고 있는가의 문제는 곧 군의 정치적 영향력 평가와 직접적으로 연결된다. 북한과 같은 국가체제에서의 군사정책 결정 과정은 당과 군대, 즉 당 지도자와 군 지도자가 독립적으로 상호작용한다기보다는 군대가 당의 일부로서 당 전체와 밀접한 관계를 맺으면서 정책결정과 집행에 참여하고 있는 것으로 보아야 한다. 당내 군사기구와 군대 내의 당 기구는 같은 역할을 수행하게 되므로 당군 관계는 갈등관계가 아니라 상호협조 관계, 상호견제 및 경쟁이라고 하는 복잡하고 독특한 체계를 운용하고 있기 때문이다.

국방위원회

북한의 국방위원회는 지정된 사무실을 갖고 정상적인 임무를 수행하는 기관은 아니다. 비상설기관이지만 2009년 새로 발표된 신헌법에 의해 전반적인 국가사업을 지도·통제하는 기관으로 그 지위가 격상되었다. 북한의 국방위원회는 1977년 전·평시전쟁 대비와 지도 및 조정 기구로 설치된 구소련의 국방위원회와 유사성을 갖고 있다. 소련 국방위원회의 효시는 1918년 레닌이 설치한 '노농국방위원회'였으며, 1977년 헌법 개정 때 소연방 최고회의인 간부회의에 책임을 지는 '소련국방위원회(The Council of Defense of the USSR)'로 명문화되었다. 중국의 경우 1954년 '인민혁명군사위원회'를 국방위원회로 개편한 것이 효시이다.

북한의 최고 군사지도기관은 헌법기구인 국방위원회로써, 국방위원장은 일체의 무력을 지휘, 통솔하고 국방사업의 전반을 지도한다. 그리고 국방위원회 상무국의 직접적 통제를 받는 총참모부가 실제적으로 인민군 군사지휘체계의 주축을 이루고 있다. 북한의 1992년 헌법에 따르면 중앙인민위원회에서 국방위원회를 독립, 확대하고 주석 대신 국방위원장이 일체의 무력을 지휘, 통솔하도록 규정하였다. 그리고 1998년 헌법과 2009년 개정헌법에서는 국방위원장이 국방사업 전반을 지도하고, 나아가 국방부문의 중앙기관을 설치하거나 폐지할 수 있도록 권한을 강화시켰으며 국방위원회 위원장은 북한의 최고영도자라고 명기했다.

현재 국방위원회가 당 중심의 군사정책 결정체계에서 벗어나지 않았기 때문에 아무리 선군정치를 강조하는 북한이라고 하더라도 국방위원회가 당의 노선과 정책을 거스르기는 어려울 것이다. 따라서 국방위원회는 군사정책 결정기구인 동시에 당에서 이미 결정된 군사정책을 인민무력부와 총참모부를 통해 집행하는 북한 군사정책 집행의 최고기관이라고 할 수 있다.

국방위원장의 선출은 과거 당 중앙위원회 정치국에서 결정했으며, 그 이후에는 당 중앙위원회 정치국에서 김일성에게 위임하여 김일성이 국방위원장을 추천, 결정하였다. 김일성이 사망한 이후에는 당 중앙위원회와 당 중앙군사위원회가 공동으로 추천하여 결정하고 있다. 따라서 국방위원회는 최고인민회의에 소속된 국가기관 중의 하나이지만 실제적으로는 당 중앙

위원회와 당 중앙군사위원회의 지도와 위임 하에 사업을 하고
있다.

국방위원장의 지위는 집체적인 협의기관인 국방위원회를 통
해 자신의 의지를 실현하는 것이다. 대내외적으로는 실질적인
국가수반이라고 할 수 있다. 최고사령관의 지위는 북한의 일체
무력을 지휘, 통솔하는 단일지도 형식의 특수직책으로서 초법
적, 초당적 독재권한을 행사하는 전·평시 최고 통치자 지위 중
하나이다.

최고사령관은 일체의 무력을 대표하며 비상사태 작전, 인민
군 원수급 및 장령급의 군사칭호 수여, 모든 군사들에 대한 군
사훈련 실시 등을 단독 명령으로 단행할 수 있다. 이에 반해 국
방위원장의 권한은 최고사령관이 갖는 일체의 권한 이외에 전
반적 무력건설(군단, 사단, 여단 창설 등)과 경제 및 국방건설사업
(토지정리, 발전소, 지하요새) 등을 추진하기 위한 국가경제와 국방
사업 전반에 대한 조직, 지도권을 행사하고 있다. 국방위원회는
1999년부터 본격적인 활동을 시작했는데, 주요사업현안인 국
방건설 이외에도 국가주요건설사업, 혁명자금 조달사업, 인민생
활 향상 등 예전의 내각 기능을 도맡아 수행하고 있는 것으로
알려졌다.

국방위원회의 구성원들은 대부분 본래의 직책을 따로 가지
고 있으며 상설 조직으로 상무국장 등이 있지만 사무전용 독
립건물이나 전문인력은 두지 않고 있는 것으로 나타났다. 국방
위원회 상무국은 필요시 김정일의 지시로 해당 분야의 간부들

을 불러 모으고 김정일의 지시를 관철하기 위한 정책초안을 제안하게 한다. 각 부문에서 올라온 정책제안은 김정일의 재가를 받은 후 하달하는 방식으로 운용되는데, 지금까지 김정일이 이런 회의에 참가한 경우는 한 번도 없었으며 회의 장소는 총정치국과 중앙당 회의실을 이용한다.

최근 탈북한 노동당 간부의 증언에 의하면 김정일의 서명을 받아 매달 1회 총정치국에 있는 1,000명 규모의 회의실에서 국방위원회 회의가 열리는데, 회의 의제에 따라 담당 부서의 과장급 이상 간부들이 참가하며 회의에 대한 집행은 국방위원회 제1부위원장인 조명록이 했다고 한다. 이 회의에서는 국가의 주요 사안이 걸린 경제문제와 매해 각 외화벌이 기관에 할당되는 혁명자금 문제를 결정하거나 총화하는데, 이때 국방위원회의 명령을 제대로 수행하지 못한 기관단위 책임자들은 군사재판이나 즉결처분으로 다스리며 이 모든 것들은 당, 국가, 군대의 간부들이 모두 참가한 국방위원회 회의장소에서 결정된다.

이 회의는 노동당 중앙위 부장들과 조직지도부 제1부부장들, 선전선동부 제1부부장들, 내각총리와 부총리들, 총참모장과 부총참모장들, 인민무력부 부장과 부부장들, 각 군사령관들과 정치위원들, 도당책임비서들, 국가안전보위부 제1부부장과 정치국장, 인민보안부장과 정치국장, 최고검찰소장, 최고 재판소장, 군수경제 간부들 등 김정일을 제외한 당, 국가, 군대의 거물급 간부들이 모두 참석하는 회의이다. 따라서 여기서 국방위원회 명령을 위반한 죄목으로 제재를 받는다는 것은 그가 누구라 할지라도 더 이상 상소할 가치를 잃는 가장 큰 공포 효과를 줄 수 있다. 북한 경제를 계획하고 조종하는 내각이 엄연히 존재하고 있음에도 불구하고 국방위원회라는 조직이 당 경제, 제2경제, 국가경제의 결정권을 틀어쥐고 좌지우지한다는 것이다. 이는 전기, 원료, 식량, 자재 등 경제생산에 필요한 자원들이 고갈되어가고 있는 현재의 북한실정에서 노동당이나 내각의 힘만으로는 더 이상 북한의 경제상황을 유지하기 힘들다는 것과 관련된다.

당, 국가, 군대의 모든 간부들에게 강압과 처벌로 공포 분위기를 조성하는 국방위원회의 활동방식에 대해 김정일을 제외한 노동당, 내각, 군대의 모든 간부들이 두려워하고 있다. 그 이유는 국방위원회를 구성하고 있는 부위원장, 위원급 간부들이 모두 노동당과 군대, 보안기관의 주요직에 있고, 김정일의 신임을 가장 많이 받고 있는 최고위급간부들이기 때문이다. 국방위원회를 구성하고 있는 멤버들 각자가 담당한 직책을 보면 종속적이면서도 독립적인 소그룹으로 형성되어 있으며 횡적인 연계가 있으면서도 각자 김정일에게 독자적인 보고를 할 수 있는 파워 그룹의 리더들이다. 국방위원회 내에 형성된 그룹은 정치장교 그룹의 김정각, 리용무, 군수경제그룹의 전병호, 백세봉, 주규창, 보안계통그룹의 장성택, 주장성, 우동측, 군인그룹인 김영춘, 오극열 등이다. 김정일을 대신해 국방위원회를 소집하고 집행하는 제1부위원장과 부위원장들의 역할에 따라 이미 수립된 군사정책이 수정되거나 그 집행과정이 조종된다는 것을 감안하면, 오랜 병환으로 활동을 할 수 없는 리용무를 제외하고 남은 사람은 김영춘과 오극렬, 장성택이다. 따라서 앞으로 이들의 역할이 주목되며, 특히 오극렬은 김영춘보다 공식적인 지위는 낮지만 군부 내 영향력과 파워면에서는 훨씬 앞서고 있다.

2009년, 오극렬은 노동당중앙위 작전부장직을 그대로 유지하면서 작전부와 정찰국을 통합하여 정찰총국을 만들었다. 형식적인 지휘관은 정찰총국장 김영철이지만 노동당 작전부소속의 전투원들에 대해서는 별도의 지시를 따로 주는 등 영향력을 행사하고 있다. 그리고 노동당 중앙위 재정경리부 소속이었던 38호실과 39호실을 합병하여 국방위원회 소속으로 끌어들였다는 것은 중요한 사건이 아닐 수 없다.

최근 김정은 체제 출범과 함께 주목을 받고 있는 당 행정부장 장성택 역시 북한의 경찰조직인 인민보안부, 사법기관들인 검찰소, 재판소를 책임지고 있다. 또한 그는 약 20여만 명의 내무군을 지휘할 권한을 갖고 있으며 국방위원회 부위원장, 인민군 대장으로서 군사경제와 군대의 작전에까지 영향력을 미칠 수 있는 지위로 상승했다. 장성택의 지휘 하에 있는 인민보안부장 이명수는 공병 7총국, 8총국, 지하철도 운영국, 평양시 경비연대를 포함하여 20여 만의 무장병력을 통솔하고 있다.

중요한 것은 인민보안부가 북한의 각 지역과 작은 섬마을에 이르기까지 보안원들을 파견하여 주민들의 동태를 24시간 감시하고 치안유지를 책임진다는 것이다. 또한, 김정은의 지시에

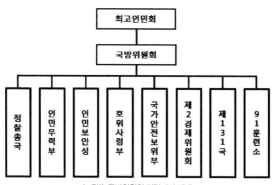

<그림2> 국방위원회 명령지시 체계.
*출처: 북한군 총참모부소속 군관의 증언과 2009년 북한개정헌법을 참고.

따라 국가안전 보위부나 군 보위사령부도 북한 주민들을검열
할 수 있는 위치에 있다. 국가안전보위부 제1부부장 우동측 역
시 인민보안부 보다는 적은 인원이지만 20,000여 명의 정예화
된 고급 인력들을 운용하여 국내외 반탐업무와 해외정보를 담
당하고 있다. 중요하게는 노동당 중앙위로부터 지방당 간부들
에 이르기까지 모든 간부들의 전화를 감청·도청하며 필요에
따라 미행하고 체포영장 없이 구금할 수 있는 무소불위의 권력
을 가지고 있다는 것이다. 인민보안부장 이명수와 국가안전보
위부 부부장 우동측은 행정적으로 장성택의 지시를 받는 입장
이긴 하지만 각각 김정은에게 개인적으로 보고하고 지시를 받
을 수 있는 별도의 채널을 갖고 있다.

군수공업비서 전병호는 제2경제위원회, 제2자연과학위원회,
원자력공업부, 노동당 99호 소조를 총괄하면서 북한의 핵무기

와 장거리미사일의 생산과 보관, 관리를 책임지고 있다. 전병호는 25국과 131국을 지휘하면서 핵무기의 개발과 관리를 맡고 있고 주규창 부장은 99호 소조를 지도하면서 중장거리 미사일의 개발과 관리를 담당하고 있는 것으로 알려졌다. 주규창 역시 상시적으로는 전병호의 지시를 받지만 김정은과의 대화채널을 따로 갖고 있다. 핵이나 미사일 관련은 김정은의 지시 이외에 다른 명령이나 지시를 받지 않으며 인민무력부장이나 총참모장 등 군부간부들에게도 이들에 대한 명령지시권이 없다. 한편 정치장교 그룹의 김정각은 총정치국장 조명록이 사망한 현 시점에서는 총정치국장을 대리하는 주요한 인물이다. 2012년 2월 16일 그가 차수군사칭호를 받은 것은 앞으로도 총정치국을 계속 이끌어 갈 것이라는 의미로 풀이된다.

국방위원회의 이러한 인물 구성은 바로 이들이 노동당, 국가, 군대를 대표하고 있기 때문이다. 위원장의 위임에 따라 운용되고 있는 국방위원회는 북한의 전반적 기능을 책임진 가장 강력한 국가조직이다. 이는 오랜 기간 수령은 곧 당이고, 국가이며, 군대라는 김일성과 김정일의 사고방식이 만들어낸 결과이다. 이러한 결과는 김정은=당=국가=군대라는 등식으로 표기할 수 있다. 이러한 방식을 적용한다면 국방위원회는 당+내각+군대=국방위원회로도 표기가 가능하다. 노동당과 내각, 군대의 기능이 복합적으로 작동하는 국방위원회의 파워는 최근 들어 점점 커지고 있는 추세이다. 당 간부들과 군인들, 일반 주민들 사이에서는 '당의 유일사상체계 확립의 10대 원칙'이나 김정은의 지시보다도 국방위원회의 명령을 더 두려워하고 있는 경향이 뚜렷한데, 이는 군대식 명령과 군대식 처벌방법이 적용되고 있기 때문이다. 하지만 국방위원회가 노동당의 지도를 무시할 만큼의 지위까지 올라간 것은 아니며 김정은 시대에는 국방위원회 권력보다는 새롭게 구성된 당 중앙군사위원회의 역할이 더 중요해질 것으로 보인다.

하지만 국방위원회가 군부와 내각, 보위부와 보안부, 그리고 노동당의 간부들을 통제하기 위한 복합적인 기능을 가진 국가기관으로써의 최고지위에 있다는 것은 틀림없는 사실이다. 이는 김정일 사망 전의 직함이었던 당 군사위원회 위원장, 최고사령관, 국방위원회 위원장의 역할을 비교해 보면 잘 알 수 있다.

2004년 4월 7일 하달된 당 중앙군사위원장 김정일 명의의 절대비밀 지시문건 '전시사업세칙' 제6항에는 '전시상태의 선포의 해제는 최고사령관이 시행한다.'라고 규정하고 있다. 즉, 비상시 최고사령관은 헌법에 명시된 국방위원장의 권한 대부분을 행사할 수 있다는 것이며, 최고사령관은 단일지도 형식의 명령을 통해 자신의 의지를 실현하는 초법적, 초당적 권한을 갖는다는 것이다. 이상의 자료들을 종합해 보면 국방위원회는 평시에 국가건설과 체제수호, 그리고 전시동원 준비를 위한 비상설기관이다. 그러나 그 역할과 위상은 경우에 따라 당의 기능과 내각의 기능, 그리고 군부의 기능까지도 담당할 수 있는 복합적이고 종합적인 국가기구라는 것을 알 수 있다. 지금까지는 군부의 주요지휘관들이 국방위원회에 포진되어 있었기 때문에 군부가 북한군사정책의 수립과 집행과정에서 주요한 역할을 했다. 그러나 2010년 9월 당 대표자회의를 계기로 당 중앙군사위원회가 강화되었으므로 이후 국방위원회가 군사정책 수립에서 주동적인 역할을 하거나 군부의 경제권을 확보하는 등 군부이익을 위한 활동에는 제동이 걸릴 것으로 판단된다.

총정치국

김일성 시대의 의사결정 기구들이었던 당 대회와 당 전원회, 당 비서국의 활동은 1994년 김일성 사후 휴업상태로 있다가 2010년 9월 전원회의를 계기로 다시 부활되었다. 김정일 시대에 들어 군사정책 결정에 참여하는 노동당 기관은 당 군사위원회와 인민군 총정치국이다. 총정치국을 당 기구로 설정한 주된 이유는 노동당의 시스템을 보면 알 수 있다. 중앙당이 있고 그 아래 각 도당위원회가 있으며 그 산하에 각 시, 군 당위원회가 존재하는 것처럼 인민군 내에도 인민군 당 위원회가 있고 그 소속으로 각 군단, 사단, 연대에 당 위원회가 있기 때문이다.

그럼에도 불구하고 총정치국을 단순히 군사기구로 구분하는 것은 당 기구와 군사기구에 대한 인식이 부족한 데서 오는 현상이라고 하겠다. 그리고 군대 내 당 위원회와 정치부는 같은 개념인데 총정치국은 인민군 당위원회, 군단정치부는 군단 당위원회, 사단정치부는 사단 당위원회로 인식하는 것이 군대 내 당 기관을 이해하는 데 도움이 된다.

북한군 총정치국은 군대 내에서 정치와 사상의 지도권을, 인민무력부는 군정권을, 총참모부는 군령권을 가지고 국방위원회의 직접 지도와 통제를 받고 있다. 총정치국 조직은 인민무력부에서 중대까지 군 지휘체계의 위계구조에 따라 전군에 조직되어 선전부, 조직부, 검열부, 근로단체부 등의 계통으로 각 군단 사령부와 훈련소 사령부, 해공군 사령부까지 담당하고, 조직부, 선전부 계통으로는 사단, 여단, 연대까지 담당한다. 정치지도원, 선전원은 대대까지 담당하며, 중대에는 정치지도원이 파견되어 있다.

특히 총정치국 조직지도부 간부부와 행정간부부는 군대 내 정치간부와 군사간부의 승진, 전보, 해직 등 인사행정을 전담하고 있기 때문에 군대가 노동당의 지도에 절대 복종하도록 만든다. 노동당 중앙위원회가 인민군 총정치국에 대한 지도를 시작한 것은 군대 내에 문화부가 생겨났던 1948년 2월 8일 인민군창건 즈음이며 그의 역할이 강화된 것은 1968년 8월 종파사건이 끝난 이후부터이다. 한국전쟁 이전부터 군대 내 문화부로 출발한 총정치국은 노동당 중앙위원회의 직접적인 지도를 받는 군대 내 정치기관이다.

현재 총정치국이 위치하고 있는 인민무력부 청사 2호동에는 노동당 중앙위의 조직지도부와 선전전동부에서 파견된 간부 2~3명이 상시적으로 주재하고 있는데 군의 내부동향을 수시로 장악하며 보고하고 있다. 또한 군대의 연대정치위원급 이상 정치군관들의 인사를 담당하는 조직지도부 간부 4과가 총정치국 조직지도부 간부부를 지도하여 군대 내 주요정치군관들을 엄선하여 임용하고 있다. 군부담당 이용철 조직지도부 제1부부장이 간부 4과를 담당하고 있었지만 그가 사망함에 따라 정치군관 출신인 리재일이 총정치국을 종합적으로 담당하고 있다.

그리고 최근 새로 기용된 정치군관출신인 김경옥 제1부부장도 군대 내 당 생활을 담당하고 있는 것으로 알려져 있다. 총정치국을 담당하고 있는 조직지도부 당 생활지도 제13과와 간부 4과의 소속인원들은 필요에 따라 사복과 군복을 착용하는데 담당 책임지도원은 소장, 과장급은 중장, 부부장은 상장, 제1부부장의 경우에는 상장, 부장은 대장의 군인계급을 가지고 있다.

이들은 평소에는 사복 차림이지만 총참모부 작전국이 주최하는 군사작전회의나 각 군종, 병종의 전술작전 모임, 예하군단과 사여단들에 대한 지도 및 검열 등 군사문제에 관한 회의나 모임에는 경우에 따라 군복을 착용하고 참가한다. 군대에 대한 노동당 중앙위 조직지도부와 선전선동부의 지도검열은 명령이나 지시가 아닌 이해와 분석, 책임추궁과 그에 의한 당적 처벌, 인사조치 등의 영역에 그치며 공식적인 명령이나 지시는 노동당 중앙군사위원회의 명의로 하달한다.

2004년 3월 10일부 '무기, 탄약들에 대한 장악과 통제 사업을 더욱 개선 강화할 데 대하여'라는 노동당 중앙군사위원회 명령 제00115호와 2004년 4월 7일부 '전시사업세칙을 내올 데 대하여'라는 노동당 중앙군사위원회 지시 제002호는 중앙군사위원회 위원장 김정일의 명의로 하달되었다. 여기서 짚고 넘어가야 할 부분이 노동당 중앙군사위원회의 명령과 지시에 대한 구분인데, 북한군 내무규정에 의하면 명령(命令)은 '직속상관이나 직계상관이 소속 부대나 부하 군인들에게 절대적인 복종과 철저한 집행을 요구하여 내리는 임무'이며 지시(指示)는 '직속상관이나 직계상관이 아니어도 명령할 권한이 없는 상급이 하급에게 요구하는 것'이라고 되어있다.

위에서 지적한 노동당 중앙군사위원회 명령 제00115호는 전달침투대상을 구분하면서 무력기관의 장령, 군관들에게는 명령의 전문을, 사관과 병사, 병기부문 종업원(군인이 아닌 기술자와 노동자 등)들에게는 명령의 기본 사상을 전달할 것을 주문했다. 그리고 노동당 중앙군사위원회지시 제002호에서는 무력기관은 명령이 배포된 단위의 참모, 지도원 이상 성원들에게 명령문 전문을 전달하며 사회기관은 배포된 단위의 부원 이상 성원들에게 명령문 전문을 전달하라고 했다.

따라서 노동당 중앙군사위원회 명령은 군부(군대, 국가안전 보위부, 인민보안성, 민방위무력)에 해당되는 것이며 지시는 군부가 아닌 그 이외의 집단이나 군부, 민간에까지 동시 해당되는 것이다. 노동당 중앙위원회 조직지도부가 군부의 주요인사권과 당 조직 생활지도, 정치적인 상벌권한 등 막강한 파워를 갖고 있으면서 정작 필요한 명령권을 갖고 있지 못한 것은 군대에 대한 명령권을 가진 당 군사위원회가 존재하고 있기 때문이며 조직지도부와 당 군사위원회는 상호 종속관계가 아니다.

하지만 군대 내 당 생활과 인사권을 가지고 있는 당 조직지도부는 군사정책 제시와 그 집행에 대한 통제로 군대와 민간무력에 대한 통제권을 가지고 있다. 이들 두 기관은 상호협력 관계에 있으며 두 기관 모두 총정치국을 통해 군대를 통제하고 있다는 공통점을 가지고 있다.

〈그림3〉에서 보는 것처럼 위로는 당 조직지도부와 선전선동부, 조직지도부 간부부, 당 군사위원회의 지도를 받는 총정치국은 사실상 군대조직이 아닌 노동당 산하의 정치조직이다. 이 조직의 구성원들을 양성하는 총정치국 예하 김일성 정치대학 역시 거의 모든 교재를 당 간부 양성기관인 김일성고급 당 학

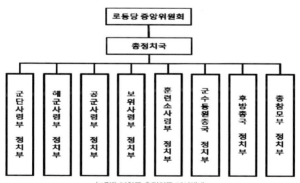

〈그림3〉 북한군 총정치국 지시체계.
*출차 전 북한군 소좌 이주철. 송백현의 증언.

교에서 받아 사용한다. 중대정치지도원이상 정치군관들이 갖고 있는 신분증명서도 일반 군관과 구분되는데 일반군관들의 증명서 앞면에는 국가의 국장이, 정치군관들의 신분증명서 앞면에는 노동당 마크가 그려져 있다. 출장명령서도 일반군인들의 것과는 다르게 당 간부들이 가지고 있는 것과 같다. 위의 그림에서 총참모부 정치부는 인민무력부와 총참모부내 각 국, 처들을 담당한 정치부를 말하며 총정치국은 각 군단 사령부, 훈련소 사령부, 해군사령부, 공군사령부, 보위사령부, 군수동원총국, 후방총국에 예하 정치부들을 두고 있고 총정치국 군단 담당과에는 각 정치부들을 담당하는 책임지도원(상좌·대좌)들이 있다.

이들은 1개월 중 20일 이상을 담당 정치부에 주재하면서 각 사령부의 정치위원, 정치부장, 조직부장, 선전부장, 간부부장들을 상대로 사령부 내 장성들과 군관들의 정치적 성향을 조사, 장악하고 있다. 그리고 필요에 따라 사단(여단), 연대, 대대, 중대에까지 내려가 실태를 조사해 보고한다. 각 군단과 사단, 그리고 여단과 연대의 정치위원들은 이들보다 직급이 높거나 동급이지만 이들을 상급기관에서 파견한 지도검열관으로 인식한다.

〈그림4〉에서 볼 수 있는 것처럼 총정치국은 시, 군당의 기능을 넘어 도당, 또는 직할시 당 위원회의 기능을 수행한다. 총정치국의 또 다른 명칭은 조선인민군 당 위원회이고, 총정치국장의 역할은 도당책임비서와 같지만 북한에서 군대의 중요성을 놓고 보면 도당이나 평양시 당 위원회 이상의 기능을 가지고 있다고 말할 수 있다.

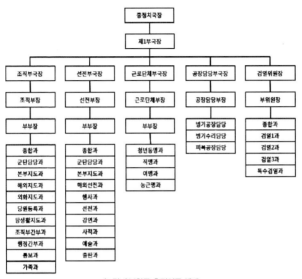

〈그림 4〉북한군 총정치국 체계
*출처: 전 북한군 상좌 최주활, 소좌 이주철, 송백현의 증언.

노동당 중앙위원회 조직지도부가 실제적인 군 통제기능을 부여하고 있는 총정치국 조직부는 총정치국에서 제일 힘 있는 부서이다. 조직지도부의 참모부서격인 종합과는 각 군단조직지도부들과 예하단위들에서 올라오는 자료들을 종합하거나 필요한 사항들을 전달한다.

또한 노동당 중앙위 지시문이나 총정치국 지시문들을 비롯한 각종 자료들을 각 군단 사령부 정치부들에게 통보하거나 아래로부터 통보를 받아 그것들을 분류하고 종합하여 해당 상급단위들에 통보하는 역할을 한다. 여기서 부국장들과 부장들,

31

부부장들은 북한군대 안의 모든 군인들의 입당, 대학추천, 승진인사, 부대배치, 제대배치, 해외파견 등에 대한 결정권을 갖고 있다.

한편 본부 지도과는 총정치국 내 간부들의 당 생활을 지도하며 군단담당과는 각 군단과 해·공군사령부, 훈련소들에 담당 책임지도원들을 파견한다. 당원등록과는 총정치국 산하 각 단위들에서 올라온 당원명부에 기초하여 당원들을 등록하며 당원개개인의 당 생활 평정서를 보관하고, 당원증명서를 발급하거나 제명·사망된 당원들의 명단을 수정한다. 가족과는 군관 가족들과 군인신분증을 갖고 있지 않는 무력부 내 노동자, 기술자들에 대한 당 생활지도를 담당하며 외화지도과는 강성무역, 매봉무력 등 군부 산하 외화벌이기관들을 지도하는데, 무역기관 책임자들은 모두 현역 군인들이다.

그리고 당 생활지도과는 군대 내 당원들의 당 생활, 즉 당 조직에서 당원들에게 내리는 분공에 대한 집행과 총화를 주도한다. 해외지도과는 각 국가들에 파견된 군사 무관들에 대한 선발과 사전교육, 해외에 파견되는 군사대표단에 대한 인사결정, 해외에서 활동하고 있는 인민무력부 소속 군인들과 노동자들에 대한 당 생활지도를 담당한다. 군인들, 특히 간부들의 인사를 담당하고 있는 조직부 간부과는 군대 내 정치군관을, 행정간부과는 군사지휘관들에 대한 인사를 담당하고 있다.

여기서 선전선동부는 조직지도부보다 영향력 면에서는 약하지만 나름대로의 지도권을 가지고 있는데, 당원들의 당 생활에서 중요한 정치학습과 각종강연과 학습회, 예술선전활동, 출판 및 보도, 전적지와 사적지들에 대한 관리, 대외선전 등 다방면적인 부분을 담당하고 있다.

당 위원회 선전부의 참모부서라고 할 수 있는 종합과는 각 군단사령부단위 정치부 선전선동과에서 올라오는 자료를 종합하여 상급단위에 보고하거나 위의 지시를 아래 단위에 전달한다. 정치기관의 각 지도본부들에 설치된 본부지도과는 인민무력부 내 각 기관본부들을 담당한다. 선전선동부 예하의 군단담당과는 각 군단사령부들에 책임지도원들을 파견하지는 않지만 1인이 1개 군단을 담당하여 정기적으로 선전선동활동에 대한 구체적인 사업계획서를 하달하고 그 결과를 보고 받는다.

선전선동부의 핵심부서라고 할 수 있는 행사과는 김정은이 참가하는 1호 행사를 시작으로 대대장 정치지도원 대회, 인민군선동원 대회를 비롯한 각종 대회들과 기념행사들을 기획, 집행한다. 그리고 선동과는 북한군 각 소대마다 1명씩 있는 선동원들을 위한 선동 자료들을 연구하며 선동원들의 활동을 지도하거나 전투속보, 소보에 대한 자료들을 제작하여 배포한다.

강연과는 매주 수요일 진행되는 간부강연과 토요일에 열리는 일반군관과 병사들, 그리고 군대 내 노동자들을 위한 강연 자료를 만들거나 강연을 조직하고 집행한다. 사적과는 군과 관련한 김일성과 김정일, 김정숙 등 김 씨 일가의 사적지의 유지 및 관리, 그리고 총참모부와 각 군단, 사단, 여단, 연대들에 있는 김일성·김정일 주의 연구실에 대한 운용을 지도하고 있다.

1990년까지 사회주의 국가들을 상대하는 대외선전과의 일은 많았지만 동유럽 사회주의가 붕괴된 이후 북한군대를 해외에 선전하는 일은 해외공관에 비치되는 북한군 화보를 제작하는 일에 머물러 있으며 무기나 장비에 대한 선전은 제2경제위원회의 몫이다. 예술과는 인민군 협주단, 인민군 교예단, 4·25 예술영화 촬영소를 지도하고 있으며 출판과는 인민군 출판사, 인민군 신문사 등 무력부 직속 출판사들과 각 군단 출판사들을 지도·통제하고 있다.

조직지도부와 선전선동부의 역할 못지않게 군대 안의 청년동맹과 직맹, 농근맹과 여맹을 담당한 근로단체부는 인민무력부 청년동맹위원회를 중심으로 각 군단사령부 청년동맹위원회를 지도하며 군대 내 공장과 농장에서 근무하는 노동자들과 농민들의 정치생활을 담당하고 있다. 공장 담당부는 무력부 예하의 각 병기공장과 병기수리소, 피복공장, 건재공장, 식료공장, 목재공장 등 무력부 소속 생산단위 당 조직들의 활동을 기획, 지도하며 검열위원회는 필요에 따라 정기적으로 총정치국으로부터 중대에 이르는 당원들의 당 생활이나 정치 간부들의 사업 상황을 수시로 체크하고 조사하는 역할을 한다. 현재 북한군의 각 군단과 사령부 예하의 사단, 여단, 연대 대대, 중대까지 파견된 정치군관들은 몇 십 배나 더 많은 군사지휘관들보다 막강한 힘을 가지고 있다. 왜냐하면 이들이 군인들의 인사권과 각 대학의 추천권, 노동당 입당에 대한 결정권을 갖고 있기 때문이다.

이상에서 보듯이 총정치국의 역할과 임무는 군대 안에서 노동당의 지도와 영도를 실현하는 것이며 오래전에 김정일이 이야기 한 것처럼 총정치국은 노동당 중앙위가 군대에 설치한 당기관이다. 정치군관은 당 간부가 군복을 입은 것이지, 군인이면서 동시에 당 간부는 아닌 것이다.

　따라서 북한군 총정치국의 역할은 노동당 중앙위원회 조직지도부나 당 중앙군사위원회의 입장을 대변하거나 해당조직의 위임에 의하여 군부에 대한 통제와 지도를 하는 것이다. 지금까지 조사에 의하면 총정치국이 군부의 경제적인 이익이나 군 장비 도입의 목적을 가지고 노동당의 군사정책수립에 관여하거나 군부를 지원한 경우는 없었던 것으로 나타났다.

총참모부

총참모부는 10여개 군단과 8개의 훈련소, 공군사령부와 해군사령부의 전·평시 작전 및 훈련계획을 세우고 집행하고 있으며 매년 발령되는 최고사령관 명령 작성에 참여하면서 북한군의 지휘통솔을 담당하는 부서이다. 한국군의 합동참모본부에 해당하는 북한군 총참모부는 국방위원회 위원장과 최고사령관의 명령으로 움직이는데, 실제적인 군령을 가진 참모조직으로 육해공군을 지휘한다. 총참모부는 평양시 서성구역에 위치한 인민무력부 청사의 10개 동에 분산, 배치되어 있다. 여기에는 북한군 작전을 총괄하는 작전국을 시작으로 70여개의 국, 처, 부, 총국, 지도국들이 있으며 1군단~10군단, 해군사령부, 공군사령부를 비롯한 북한군 전체를 지휘하는 통합작전 지휘시스템이 갖추어진 전·평시 작전실이 자리 잡고 있다. 최근 인민 무력부와 총참모부의 역할분담을 조사하는 과정에서 이 부서 들 중 전투 부서가 아닌 부방부서나 보조부서들을 총참모부가 아닌 인민무력부가 관리한다는 것을 새롭게 알게 되었으며 구 체적인 내용은 북한군 근무경험이 있는 탈북자들의 증언을 통 해 확인되었다.

〈표1〉에서 보는 것처럼 북한군 총참모부와 인민무력부는 65 개의 국, 처, 부로 구성되어 있으며 각 군단 급 사령부를 제외하 고 인민무력부 청사 내에서만 근무하는 총인원이 약 6,000여 명이다. 이 중에서 총참모부 경무부, 중앙경보지휘소, 정찰국 무선결속소, 통신국 전신전화소, 운수관리국 소속 승용차관리 소, 501호 관리국, 600호 관리소 등 무력부 청사의 경비와 통 신, 관리 등을 제외한 기본 참모부서 인원만 5,000여 명이다.

또한 총참모부 내 각 국장들, 부국장들, 처장들을 포함한 장 성급만 해도 100여 명이 넘는다. 총참모부 내 부서들 중 가장 중심적인 역할을 하는 곳은 작전국(525군부대)과 정찰국(586군부 대)이며 국장들은 모두 대장들이다. 작전국장은 제1부 총참모장 을 겸하고 있으며 인민무력부장이나 총참모장은 김정은의 승 인 없이 작전국장과 정찰국장에게 명령이나 지시를 할 수 없게 되어있다.

참모정치부	참모보위부	작전국	정찰국	종합계획국
탱크국	교도지도국	공병국	도로국	후방국
제1전투훈련국	제2전투훈련국	전자전국	장비국	교육국
운수관리국	핵화학방위국	포병지도국	간부국	참모재정부
병기국	재정국	검수국	일반건설국	군사건설국
대외기술총국	군수계획국	대열보충국	반항공국	측지국
지휘자동화국	포병사령부	로켓사령부	철도사령부	해군사령부
공군사령부	반항공사령부	각 군단 사령부	각 훈련소 사령부	국경경비사령부
자재관리상사	600호 관리소	출판사	군사검찰국	군사재판국
대외사업국	총무국	변신처	적공국	사무처
군의국	연료국	통신국	탱크지도국	501호 관리국
군사과학연구소	강성무역회사	청사경무부	명예위병대	군악단
619전략연구소	25국	70부	장비연구실	44부

〈표1〉 북한군 총참모부 및 인민무력부 직속 단위들.
*출처 전 북한군 상좌 최주활, 소좌 이주철, 대위 김경일의 증언.

　　1993년 제1차 핵 위기 이후, 이 작전실에는 평소에는 출입이
금지되었던 호위사령부 사령관과 참모장, 91훈련소 사령관과
참모장, 인민보안부 부장과 참모장, 국가안전보위부 부부장들도
작전실 출입을 시작했다. 이는 당시 군복을 입고 있는 모든 기
관들이 총참모부의 전시 작전계획과 명령에 대해 복종하라는
최고사령관의 명령 때문이다. 이 명령이 있은 후 북한에서 이른
바 특수기관으로 베일 속에 가려져 있던 모든 군사관련 기관
들이 정기적으로 총참모부 작전국 명령을 받으며 병기국의 병
기검열을 받게 되었다. 그 대표적인 기관들이 131국, 호위사령
부, 노동당 중앙위 6처 6부, 노동당 중앙위 제1여단, 닫힌 구역,
특수구역들이다.

김일성 사후 총참모부는 김정일의 명령과 노동당 군사위원회, 국방위원회의 일부 조치들에 의해 북한사상 전례가 없는 거대한 지휘체제를 갖췄다. 북한이 1990년대 '고난의 행군'을 시작하면서 인민무력부, 총정치국과 동등한 위치에서 북한 국내의 전체 무력에 대한 명령지휘권을 갖게 되었다. 그러나 이것은 선군정치 속에서 군대를 효과적으로 통치하기 위한 방법이었으며 군 내부에 대한 근본적인 개혁이나 변화는 아니었다. 오히려 김정일은 분할통치라는 방법을 이용해 북한의 무력기관들을 상호견제하게 만들었다.

상호견제라는 커다란 통치 시스템 속에서 접근불가 영역이었던 특수기관들이 보잘 것 없어 보였던 총참모부 작전국과 병기국의 검열을 받고나서야 자신들의 지위를 새롭게 깨닫게 되었으며 "동무들은 나의 신임이 없으면 고깃덩어리와 같다"라고 말한 김정일의 진의를 인식하게 되었다. 최근에는 노동당 중앙군사위원회와 국방위원회에 소속된 부위원장, 위원들이 자신들의 계획에 따라 임의의 기관들에 대하여 자의대로 검열을 하거나 그 결과에 따라 해당 부서간부들에 대한 인사조치까지 할 수 있는 권한이 새롭게 부여되었다. 이로 인한 김정은 시대 북한의 무력기관과 권력기관들 사이의 상호경쟁과 견제, 충성경쟁이 더욱 주목된다.

작전국(제525군부대)

1992년 김정일이 노동당과 군부, 내각을 비롯한 주요 간부들을 위해 마련해 준 평양시 대동강구역 의암동 소재 고급주택 단지인 은덕촌에는 총참모부 국장급들 중에서 작전국장과 정찰국장만이 입주했다는 것을 미루어 보면 작전국에 대한 김정일의 신임을 가늠해 볼 수 있다. 북한군 총참모부 내에서 작전국장에 임명되는 것은 인민무력부장이나 총참모장보다도 김정일의 신임을 가장 많이 받는 자리라는 것이 북한군 총참모부 출신들의 증언이다. 인민무력부장이나 총참모장, 총정치국장은 얼굴마담에 불과하지만 작전국장은 군부의 실제적인 실력자라는 것이다.

〈표2〉에서 보는 것처럼 작전국은 북한군의 육해공군, 그리고 특수부대들과 각 훈련소들의 모든 군사작전과 훈련을 담당하고 있으며 전·평시 군대의 움직임을 계획하고 통제하고 있다. 작전국의 명령이나 지시에 의하여 북한군 전체가 움직이고 군사작전지도에 설정되는 선이나 점에 따라 군단이나 사단병력이 이동한다고 할 때 북한군에서 작전국이 갖는 중요성에 대하여 김정일은 늘 관심을 갖고 있었다. 이런 관심 때문에 북한군의 역대 작전국장들은 인민무력부장이나 총정치국장, 총참모장보다 김정일의 총애를 받아왔다.

작전국의 종합계획처인 1처는 각처들이 담당하고 있는 군단, 사령부, 훈련소들로부터 올라오는 보고들을 종합한다. 또한 군

처	임무
1처	종합 계획처, 작전국의 월별, 분기별, 연간 계획 작성 및 수정
2처	최고사령부 담당처, 최고사령관 명령, 사령부 보도문 작성 및 발표
3처	전선군단사령부 담당, 군사작전담당 상급참모들을 파견, 군사작전감독
4처	각 훈련소 사령부 및 후방군단 담당, 군사작전 감독, 상급참모 피견
5처	정찰국, 저격, 경보병, 민사경찰의 훈련 및 작전 담당
6처	공군사령부 담당, 군사작전 담당 상급참모 파견
7처	해군사령부 담당, 군사작전 담당 상급참모 파견
8처	행정처리 담당, 작전국내 각 부서들에 대한 지원보장
9처	군사훈련 담당, 년간 1기, 2기 최고사령관 명령에 준한 군사훈련 집행
10처	판문점 대표부 담당, 해당 사항들에 대한 보도문 및 담화발표
11처	기밀서류담당, 작전국내 모든 작전지도나 서류들을 보관 관리

〈표2〉 총참모부 작전국 부서별 임무.
*출처: 전 북한군 상좌 최주활, 소좌 이주철, 대위 김경일 증언.

사지휘관들을 위한 각종 강습, 방식상학(모범이 될 만한 본보기를
모든 단위)을 적극적으로 수용하는 수업 등을 조직하여 연 2차
사단장 및 사단정치위원 이상급과 군사·정치 간부들의 군정간
부회의를 총정치국과 합동하여 조직, 집행한다. 2처는 작전국
내부에서도 비밀이 가장 많은 부서인데, 이는 최고사령관명령,
국방위원회 위원장 명령을 비롯한 각종 군사명령과 지시들이
여기에서 작성되기 때문이다. 같은 작전국 안에서도 별관을 따
로 가지고 있으며 이곳은 작전국 내 다른 부서 요원들도 출입
할 수 없고, 이들이 사는 아파트도 별도로 관리되고 있다. 매주

화요일과 목요일에는 190형 벤츠가 노동당 중앙위원회 서기실로 각종 서류들을 보냈는데, 이는 김정일이 직접 보고 결재를 해야 하는 북한의 군사관련 서류들이다.

북한군 전선군단들인 제1, 2, 4, 5군단들을 담당한 3처는 1군단 지휘부가 있는 강원도 안변군, 2군단 지휘부가 있는 황해남도 금천군, 4군단 지휘부가 있는 황해남도 해주시, 5군단 지휘부가 있는 강원도 철원군에 각 1명씩 담당 상급참모를 파견한다. 이들은 해당 군단에 체류하면서 군단이 인민무력부, 총참모부, 작전국으로부터 받은 명령과 지시를 제대로 집행하는지를 감독하며 그 상황을 작전국에 보고한다.

4처는 북한군 후방군단들과 훈련소들을 담당하고 있다. 북한군에서는 전선군단을 제외한 나머지 군단들을 후방군단이라고 하며 현재 평안남도 평성시의 국경경비 사령부, 평안남도 남포시 주둔 제3군단, 함경남도 함흥시의 제7군단, 함경북도 청진시 주둔 제9지구사령부, 양강도 혜산시의 제10군단, 평안북도 정주시의 제8군단이 후방군단에 속한다. 또한 함경남도 영광군의 108훈련소, 평안북도 정주시의 425훈련소, 강원도 고산군의 806훈련소, 황해북도 서흥군의 815훈련소, 황해북도 사리원시의 820훈련소, 황해남도 신계군의 620훈련소 역시 4처 담당이다.

2009년 새로 통합된 정찰총국과 각 군단소속 경보병사단, 해공군사령부들의 저격여단, 각 훈련소 소속 경보병 사단들의 군사훈련과 작전을 담당한 제5처는 총참모부 내에서 일명 '특수부대처'로 통한다. 해군사령부 동해함대 예하의 제1, 2, 3, 4, 5, 6전대들, 서해함대사령부 예하의 제7, 8, 9, 10, 11, 12전대와 예하의 2개의 저격여단들에 대한 군사작전지도, 그리고 북한 해군을 방문하는 중국이나 러시아해군 방문계획 등은 6처가 담당하고 있다.

공군사령부 예하의 4개 비행사단과 2개의 전술수송여단, 2개의 저격여단, 약 20여 개의 비행작전기지, 4개의 권역으로 나뉘어 있는 레이더 탐지기지에 대한 작전훈련 및 유지관리는 작전국 7처가 담당하고 있으며 평양시 중화군에 주둔하고 있는 공군사령부에 상급참모를 파견하고 있다. 작전국 내의 작전부서로 알려진 8처는 북한 군대의 각종 군사퍼레이드, 무력부내의 행사, 무력부 내의 전투근무, 간부들의 금요노동, 평시 비상소집훈련, 일과집행 등을 기획하고 집행한다.

9처는 전 인민군의 군사훈련을 담당하며, 매해 하달되는 최고사령관 명령에 준해 군사훈련계획을 세워 각 군단, 사령부, 훈련소들에 전달하며 사단급 이상 부대들에 훈련강평원들을 파견한다. 특히 1992년 작전국장 김명국이 발기한 '정일봉상쟁취운동'을 지도하는데, 이 운동은 사단급 이상 부대 지휘관들의 작전전술능력을 배양하기 위한 지휘참모 훈련이다. 10처는 외무성에서 군사정전협정을 전담하는 13국과의 긴밀한 협조관계를 유지하면서 남북군사 실무회의나 군사정전위원 회의에서 토론될 안들을 작성하고 검토하며 관련사항들에 대한 보도를 작성, 발표한다.

이상에서 보는 것처럼 작전국의 사명은 전·평시 군사작전을 세우고 이 작전에 의거하여 북한 내 모든 정규 및 비정규무력들을 효율적으로 운용하며 공격과 방어에서 승리를 보장하고 인원 및 장비의 피해를 최소화하는 것이다. 종합된 자료들을 분석해보면 작전국 각처들의 역할분담을 볼 때 무력부나 총참모부가 아닌 작전국 하나만으로도 북한 군대에 대한 지휘가 가능하도록 설계되어있다. 김정일이 무력부장이나 총참모장보다도 작전국장을 더 중요시했던 이유가 바로 여기에 있는 것이다.

정찰국(제586군부대)

정찰총국이 2009년 2월 노동당 소속이었던 작전부와 35호실, 그리고 총참모부 소속 정찰국이 통폐합되어 새로 조직된 기구라고는 하지만 아직까지 그 정확한 실체는 구체적으로 알려진 바가 없다. 따라서 이 책에서는 이전의 총참모부 정찰국에 대한 자료들을 바탕으로 북한군 정찰국에 대해 알아보기로 한다.

정찰국은 한반도에서 한국군과 주한미군, 주일미군과 일본 자위대의 대한반도 작전 내역을 사전에 정탐하며 한국군의 각 부대지휘부, 해군기지, 공군기지, 미사일기지, 고속도로상황, 송유관, 주유소, 저수지 등 전·평시 작전에 필요한 대상물들을 확보하고 군용지도에 표기하거나 정확한 좌표를 확인하는 사전 작업을 담당한다. 총참모부 예하 정찰국에는 지금까지 소속

전투원들이 수집하고 분석한 한국군의 1군단~10군단 지휘부와 각 사단지휘부, 연대지휘부들과 해당 지휘관들에 대한 심리, 작전특성, 교육수준, 가족관계 등을 기록한 기밀서류들이 있으며 이러한 자료는 작전국과 상호공유하고 있다.

정찰국은 1977년까지 584군부대(특수정찰)가 따로 있어서 일반 정찰국과 특수 정찰국으로 나뉘었지만 1977년 이후부터는 584군부대가 해체되어 일부는 중앙당 작전부로, 일부는 586군부대로 편입되었다. 이들은 중앙당 작전부와는 별도의 연락선을 가지고 작전을 수행하며 경우에 따라 협동작전을 하기도 한다. 1990년대 전까지만 하여도 정찰국장의 계급이 중장(소장)이었지만 현재는 대장이었고, 김정일과 김정은의 군부대시찰에 자주 동행하였다.

예하에 4개의 직속정찰대대가 있는데 24정찰대대, 69정찰대대(해외침투를 전담하는 대대), 71, 72정찰대대(황남신천군)이며 각 대대는 약 500명으로 구성되어 있다. 북한군이 운용하고 있는 특수부대들 중에서 전투력이 가장 강한 것으로 평가되고 있으며 신병훈련기간도 저격병이나 경보병이 6개월인 것에 비해 그의 2배인 1년이다. 2009년 정찰총국이 신설되어 노동당 작전부와 통합되어 운용되고 있다는 일부 신문들의 뉴스가 있었지만 현재까지 그 실체를 제대로 파악하지 못하고 있는 상황이다. 2011년 11월 4일 「노동신문」에 실린 정찰총국 부대원들의 사진에서는 총참모부 정찰국 군인들과 노동당 작전부 전투원들이 서로 다른 복장을 하고 있는 모습이 발견되었다. 이는 정찰총국 안에서도 정찰국과 작전부의 임무가 서로 다르므로 형식적인 통합은 됐지만 내용면에서는 통합 이전의 상태를 그대로 유지하고 있다는 것을 보여준 단편적인 사례이다.

정찰국 예하 부대들이 독립대대로 편성된 것은 1968년 제124군부대가 청와대 기습사건에 실패한 이후다. 이 부대는 당시 6개의 대대들을 평양시 상원군과 황해북도 연산군에 주둔시켰으며 사건 이후 각 독립대대로 분리되어 황해남도 신천군 일대와 평양시 주변으로 분산되었다. 현재 정찰국이 운용하고 있는 사단규모의 기술연구소는 통신감청 부대인데, 본부는 평안남도 양덕군에 있고 개성시, 함경남도 신포시, 평양시 승호구역, 평안남도 평원군에 직속 기지들이 있다. 이중 동해안의 신포기지는 일본을, 평남기지는 중국을, 개성기지는 한국을, 평양기지는 러시아를 담당하고 있다.

기타부서

전투훈련국

전시상태에서의 전투훈련을 연구, 기획하는 부서이다. 제1, 제2로 나누어 진 것은 1980년대 전쟁수행을 위한 전투훈련을 일반병과 특수병으로 나누어 진행하라는 김일성의 지시가 있은 이후부터다. 제1전투훈련국은 일반전투전술을, 제2전투훈련국은 특수작전 전술을 기획하고 지도하는 기능을 수행하는데, 전투훈련국의 사명은 각 군종 병종들에 해당하는 각종 전투훈련 계획을 세우고 훈련방법과 총화방법 등을 연구하고 도입하는 것이다.

탱크국

탱크국은 각 군단들과 훈련소들, 최고사령부에 있는 탱크사단들과 장갑차 전문병들에 대한 기술적, 전술적, 작전적 지원을 목적으로 활동한다. 탱크와 장갑차의 기술적인 개선문제, 새로운 탱크, 장갑차의 연구 등 탱크와 장갑차에 관련된 모든 사항을 관장하고 있다. 현재 북한군의 주력탱크인 '천마 67'은 탱크국과 제2자연과학원, 제2경제위원회가 합동하여 구 소련제 탱크를 개조한 것이다. 장갑차, 수륙양용차, 방탄용 철갑차량, 특수화학 차량 등 전시에 필요한 철갑용 운수수단 및 전투장비들에 대한 연구 및 실용도입을 주도하는 부서로 알려져 있으나 연구 실험용 기름이 공급되지 않아 제대로 된 역할을 하지 못하고 있다.

포병지도국

포병지도국은 북한군이 보유하고 있는 지상포, 대공포, 해안포에 대한 각종 제원을 연구하고 능력을 향상시키며 포병훈련규범을 새로 만드는 부서다. 1970년대 김일성의 "현대전은 포병전이다."라는 지시에 따라 지상포와 고사포를 분리시켜 각각의 군관학교를 운용하면서 포병지휘관, 포를 수리하는 전문병들을 교육하고 있다.

구소련의 '카투사'포를 한반도의 실정에 맞게 개량하고 포병 사격에서의 면적사격 원리를 현대전의 지상 및 대공포 교리로 규범화했다. 또한 30분간의 장거리포 '면적사격'으로 한국의 수도권을 불바다로 만들 수 있다는 한국의 수도권 공략작전을 김일성에게 제출했으며, 이는 1992년 남북회담 당시 '서울 불바다'설을 뒷받침한 근거이기도 하다. 일부 군사잡지들과 논문들에 포병지도국을 1개 군단무력으로 표기한 것들도 있는데 포병지도국은 총참모부에 소속된 1개의 '국'일 뿐이지 연대 이상급의 부대는 아니다.

포병사령부(531군부대)

포병사령부는 총참모부 예하의 해군사령부나 공군사령부와는 달리 사령부급 부대는 아니며 인민군적인 각종포탄공급, 포의 보관과 관리 상태에 대한 책임, 그리고 각종 포사격장들에 대한 운용을 담당하고 있다. 사령부 소속으로 평양시 상원군의 지대지 미사일여단, 만경대구역 칠골동의 방사포여단이 있으며 미사일 전문병 양성을 위한 로켓대학과 김일성군사대학에 있는 북한군 최대의 '병기관'을 운용하고 있다. 북한의 각지에 있는 로켓발사장과 포사격장 역시 사령부 소속인데 대표적인 발사장으로는 평양시 사동구역 덕동리의 지상포 사격장, 평안남도 증산군 한천리의 고사포 사격장, 함경북도 화대군의 로켓발사장들이다.

교도지도국(570군부대)

교도지도국은 일부 북한연구자들 속에서 '특수 8군단'으로 불리는 부대이며 1970년대 후반까지는 정식 부대명이 '조선인민군 제534군부대'였다. 인민군 제534부대는 원래 총참모부의 후방총국 부대명인데 특수부대 창설의 위장을 위해 사용하다가 그 비밀이 새어나가 다시 교도지도국으로 바뀌어 현재에 이르고 있다. 교도지도국은 북한 후방에서 한미연합군의 공수부대 및 특수부대의 공격을 방어하는 대침투 방어작전으로부터 정규군단의 공격을 선도하는 선견대 역할, 전방의 중요시설 타격 혹은 장악 임무, 군단의 기동예비대 역할 등 다양한 작전을 수행한다. 특히 주요임무인 반항공육전작전은 공수작전을 의미하는데, 단순한 타격임무가 아닌 점령 및 확보작전에 많은 비중을 두고 있다.

전자전국

전자전국은 1989년 미림대학 제1기 연구반 졸업생들과 일반대학 이공계 졸업생들로 조직되었으며 초기에는 작전국에 소속되어 있다가 각 군단과 사단, 연대들에 전자전 부서가 설립되면서 독립적인 부서로 발족되었다. 인민무력부 600호 지하시설에 전자전 관련시설이 있으며 여기서 전자 전문가들이 24시간 근무한다. 주요임무는 전파장애, 역전파전, 컴퓨터 프로그램 응용, 프로그램 개발, 컴퓨터 해킹 등 전자전과 관련된 문제들에 대하여 연구하거나 컴퓨터 모의전쟁 프로그램도 실시한다. 또한 예하에 3개의 전자전대대를 운용하고 있는데 각 각 평양과 개성, 해주지역에 주둔하고 있으며 개성기지에는 전파장애전문 기재인 구 소련산 'P-835'가, 평양지역에는 항공기레이더 전파 장애 기재인 'AKYJI'가 설치되어 있다. 해주지역에 주둔한 대대가 운용하는 기재는 'BMJI'인데, 이것은 이동이 용이하도록 차량에 설치되어있으며 장애전파를 이용하여 상대의 무선통신을 교란시키는 역할을 한다. 이 기재들은 모두 구소련이 해체된 이후인 1991년 러시아연방 가맹공화국들로부터 비밀리에 도입한 것들이다.

통신국(540군부대)

통신국은 인민무력부, 총참모부와 직속군단, 사령부 간의 유선, 무선통신을 보장하는 부서이다. 직속부대로 전신전화소(대대급), 중앙지휘소(대대급)가 있으며 이들은 모두 여성군인들이고 24시간 인민무력부 청사와 600호 갱도에서 근무하고 있다. 또 북한 전국에 수십 개의 통신초소들을 운용하고 있는데, 3개의 통신연대가 평양시 승호구역을 비롯한 평양시와 동해안 서해안 지역에 주둔하고 있다. 각 군단과 사령부의 통신처에 새로운 통신암호와 기자재를 공급, 수리, 보수하며 전시통신을 보장하기 위한 방법도 연구하고 있는데, 주요 통신방법은 모스부호에 의한 무선 통신과 전자 발진식 유선통신이고 주요장비는 구소련 제품이다.

공병국(577군부대)

공병국은 전투공병, 기술공병, 일반공병으로 구분하며 각 군단의 공병연대들과 사단공병대대, 연대공병중대들에게 지급되는 공병기자재들과 전투용 공병폭약들에 대한 공급 및 관리, 기술공병 기자재들에 대한 연구 및 생산을 담당한다. 김일성대학의 지질학부와 지리학부, 사리원지질대학, 청진광산금속대학, 평성석탄대학에서 공병부문에 필요한 기술자들을 차출하여 군관으로 복무하게 한다. 직속부대로 평양시 사동구역에 중도하여단과 경도하여단이 주둔하고 있으며 공병군관학교에서 공병군관을 별도로 양성하고 있는 것으로 알려져 있다.

적공국(563 군부대)

적공국은 한국군과 미군, 일본자위대를 주요 대상으로 선전, 함화공작(가까이 맞선 적군을 향하여 큰 소리로 하는 정치적·군사적인 선동)을 진행하는 곳으로 대적방송, 전단살포, 유언비어 유포 등 심리전을 담당하고 있다. 전·평시 대남방송, 영어방송, 일본어방송을 담당하는 방송요원들에 대한 교육과 훈련을 기획하며 전시 적후공작을 위한 공작원 양성과 적군기만에 필요한 자료수집, 적군의 사기를 저하시키는 방법 등을 연구한다. 한국전쟁 시기 부대구성원의 대부분이 한국출신들이었고 이들은 북한군이 주둔한 지역에서 정치공작을 담당하였다. 지금도 한국의 도, 시, 군, 면까지 지역단위로 담당하며, 정치공작원들이 해당지역의 지리와 역사, 풍습, 사투리, 정치동향, 경제수준 등에 대한 정기적인 교육을 받고 있다.

군사검찰국

군사검찰국은 각 군단과 사령부에 있는 검찰소들을 지휘, 통제하는 기관이다. 군인들 속에서 자행되고 있는 군법위반행위와 민법위반에 대하여 감시하고 법적으로 조사, 처리하여 재판에 회부하는 기능을 수행한다. 각 군단 위수 경무부와 평양시 경무부에서 처리된 위법사건의 경중에 따라 연대급, 사단급, 군단급, 중앙급 사건으로 분별하며 따로 군인수용소를 운영하고 있다. 하지만 이들은 보위사령부가 주관하는 정치범사건들에는 관여할 수 없고 모든 사건처리와 구체적인 내용에 대하여 사전에 총정치국에 보고하고 비준에 따라 처리한다.

군사재판국

군사재판국은 검찰국에서 이전된 용의자들에 대하여 군법에 따라 형량을 결정하는데 형량 1년 이하는 노동연대에서 노동단련을 시킨 후 그 결과에 따라 부대로 복귀 또는 제대 시키며 1년 이상의 경우에는 제대시켜 인민보안부 관리소로 이전한다. 인민보안부가 운영하는 강제노동 단련대와 유사한 강제노동연대는 총참모부와 각 군단, 사령부 단위로 운영하고 있으며 이에 대한 관리는 작전국이 담당하고 있다.

핵화학방위국

핵화학방위국은 화학전에 대비하여 조직되어 있는 각 군단과 사령부의 화학연대, 사단화학대대, 연대화학중대의 반화학 훈련을 지도하며 각종 방독면과 소독용 기구, 화학무기로부터 전투인원과 기술장비 보호를 연구하고 기획하는 곳이다. 인민군 각 군사학교에 화학교과서를 제작, 보급하며 화학무기와 생물무기, 방사선 관련 피해사례 등 세계적인 자료들을 수집, 보관하고는 있지만 화학무기나 핵무기, 생물무기를 보유하거나 관리하고 있는 곳은 아니다.

참모정치부(527군부대)

참모정치부는 총참모부에 소속된 모든 국, 처, 부에 정치부장, 정치지도원을 파견하며 김정은의 유일적 명령지시 체제를 정치적으로 보장하기 위한 역할을 하는 총참모부 내의 정치조직이다. 총정치국의 직속단위로 총참모부 내에서의 역할은 총정치국의 역할과 같으며 예하에 정치 강습소를 운용하고 있다. 참모보위부는 인민군 보위사령부의 직속기관이며 총참모부 내에서 근무하는 군인들과 가족들에 대한 동향을 감시하고 군사기밀의 유출과 외부로부터의 간첩 침투를 대비한 첩보활동을 위주로 하는 반탐(적의 간첩, 밀정, 탐정 따위에 반대함)기관이다. 모든 국, 처, 부에 담당 보위지도원이 상주해 있으며 이들은 각 부서들에 있는 비밀정보원들로부터 모든 장령, 군관, 하사관, 병사들에 대한 상황을 보고받으며 주요 군사지휘관들에 대한 도감청과 미행 등을 담당하고 있다.

변신국

변신국은 인민무력부와 총참모부에서 전달하는 모든 전신내용들을 변신(變信, 전보문을 전신 체계의 일정한 암호로 바꾸거나 수신한 전신 부호를 해독함)하고 전달한다. 각 군단과 사령부로부터 수신된 변신암호들을 해독하며 한국, 미국, 일본을 비롯한 적대국가에서 사용하는 암호기술을 해독하는 역할을 한다. 일반 변신원들의 경우는 대부분 정보통신 전공자이지만 전문 암호 해독자들의 경우 대학에서 응용수학이나 통계학, 물리학 등 자연과학 계열 계통의 졸업생들이다. 각 군단사령부와 해군사령부, 공군사령부, 훈련소사령부의 대대단위부터 통신과에 변신군관 1명이 있고 군단 이상급 부대들에는 통신과와는 별도로 변신과를 운용하고 있다.

대열보충국(543군부대)

대열보충국은 한국군에 비교하면 병무청이다. 각 군단, 사령부에서 필요로 하는 군인들을 보충하고, 군복무를 마친 군인들을 제대배치하며 군복무중 병에 걸린 군인들을 감정제대 시키는 명령을 내린다. 북한의 각 도, 시, 군, 구역들에 군사동원부를 운용하고 있으며 이 기관들은 고등중학교 3학년 이상의 모든 남학생에게 군 입대기준 신체검사를 실시하고 있다. 매년 4~5월 군 입대 모집기간에는 해당지역 고등중학교 5~6학년생들을 출신성분과 건강상태를 기준으로 북한군의 각 부대에 배치한다. 신입병사 선발순위는 노동당 3호청사 내 전투원, 공군 파일럿, 잠수정 승조원, 국가안전보위부, 인민보안부, 호위사령부, 정찰병, 저격병, 경보병, 해병, 포병 및 보병, 건설부대 순이다. 반항공국은 로켓사령부, 평양시 방어사령부, 평양시 고사포사령부, 각 군단, 사령부 고사포연대, 고사포대대들에 지역별로 적군비행대에 의한 공습정보를 통보하며 공습으로부터 군수물자 생산공장들과 군사기지를 보호하기 위한 여러 가지 대책을 세우고 관리, 감시하는 기관이다. 전시 항공기의 타격을 유도하기 위한 허위공군기지와 대공포기지들을 운용하며 여기에 모형항공기들을 배치하거나 가짜 대공포대를 노출시키는 등 여러 가지 기만전술을 병행하여 주간, 야간 공습에 대비한다. 각 도, 시, 군 보안부 반항공과와 연계하여 적군비행대의 공습을 방해하기 위한 기구대들을 운용하고 있다. 또한 도로, 다리, 철도, 항만, 비행장 등에 전시용 반항공감시초소들을 설치하거나 전·평시 항공감시체제를 연구, 도입하고 있다.

지휘자동화국

지휘자동화국은 1990년대에 전자전국과 함께 새로 발족된 부서로써 군사지휘계통의 컴퓨터화를 담당한 부서이다. 인트라넷의 개념으로 현재 총참모부와 각 군단 지휘부, 해군사령부, 공군사령부를 연결하는 등 신속한 전·평시 지휘체계의 도입을 목적으로 하고 있으며 주기기는 미국산 IBM이다. 간부국은 인민군 내의 모든 인사를 책임진다. 1980년대까지는 총정치국 직속으로 간부처가 존재하였지만 이후 인민군 지휘관들을 능력에 맞게 선출한다는 목적에 따라 김정일의 명령으로 설치되었다. 정치적으로는 총정치국의 지도를 받지만 행정적으로는 독자적인 간부양성배치 계획에 따라 간부인사를 단행한다. 각 군단, 사령부에서는 소대장에서 중대장까지, 대대장이상은 간부국에서 발령을 내리지만 군단이나 사령부에서 임명하는 소대장이나 중대장급도 간부국의 사전 동의를 얻어야 한다.

조선인민군출판사

북한군이 운용하고 있는 출판사의 정식명칭인 조선인민군출판사는 평양시 사동구역에 위치하고 있다. 인민군신문, 군인생활 등 일반 신문과 잡지에서부터 군용지도에 이르기까지 군대 내에서 출판되는 모든 것을 출판한다.

이상으로 총참모부의 각국들에 대하여 살펴보았다. 총참모부의 기능과 역할을 보면 김정일이 왜 인민무력부나 총정치국보다 총참모부를 중요시했는지 알 수 있으며 고난의 행군시기 북한 군부를 3개로 나누어 통치한 이유를 이해할 수 있다. 김정일 사후 김정은 체제의 총참모부가 김정일 시대처럼 무력부와 분리되어 통치될 것인지, 아니면 김일성 시대처럼 무력부에 소속될 것인지에 관한 것은 전적으로 김정은의 군 장악력에 달려 있다. 총참모장 이영호의 지위가 인민무력부장 김영춘보다

높아진 현재 상황으로 보아서는 지금의 상태가 지속될 것으로 보이며 김정은은 선군정치가 지속되는 한 김정일의 군부통치방식을 그대로 유지해 갈 것이다.

인민무력부

김일성 시대의 북한군 체계는 인민무력부 내에 총정치국과 총참모부가 있어 군부에 대한 모든 지휘와 명령권을 인민무력부장이 가지고 있었다. 그러나 김정일 시대에는 이것이 분리되면서 총참모부는 전투부서를, 인민무력부는 비전투부서들인 후방 부서들을 담당하고 있는 것으로 나타났다. 따라서 이 책에서는 북한군 경험자들의 증언에 기초하여 예전의 총참모부 부서들 중에서 기획, 재정, 보급 등 부서들을 따로 선별하여 인민무력부 예하 부서로 정하고 그 기능과 역할에 대하여 조사했다.

후방총국(534군부대)

후방총국은 북한군이 사용하는 모든 후방물자의 생산과 보관, 공급을 담당하는 부서이다. 국방위원회 국장 현철해가 한때 후방총국 국장을 역임할 만큼 북한군에서 중요한 역할을 하고 있고, 예하에 군부가 관리하는 공장, 농장, 어장 등을 운용하고 있다. 군에 필요한 식량, 피복, 부식물, 연료 등 후방물자들에 대한 생산은 총국예하의 각 지역 군수공장들과 일반생산공장들, 농장들에서 생산하며 최근 양어장, 목장 등을 새로 신설해 김정일과 김정은의 시찰을 받기도 했다. 총국지휘부는 평양시 삼석구역에 위치하고 있다.

군수동원총국(347군부대)

군수동원총국은 평양시 대성구역에 주둔하고 있으며 총국의 사명은 전시에 군민총동원을 위한 전시물자를 보관·관리하는 것이다. 평양시를 비롯한 북한의 각 지역에 전시용 식량을 보관하는 2호창고와 의약품과 연료, 타이어, 각 운수기재의 부품, 피복, 생활필수품 등을 저장하는 16호 창고를 운용하고 있다. 각 도 인민위원회에는 군수동원처를, 각 시, 군, 구역 인민위원회에는 군수동원과를 두고 지역별, 직종별, 단위별로 전시군수물자의 생산과 보관을 총괄한다. 전시생산 보장을 위한 전국가적인 동원 체계를 세우고 철도, 도로, 항만, 전력시설 등 전쟁수행능력의 주요 요소들의 전시정상가동을 위한 훈련 등을 기획, 집행한다. 25국은 금을 채취하는 군부광산을 관리하며

70부는 외국에서 북한군에 필요한 무장장비를 수입하는 부서이고, 44부는 군사시설 건설에 이용되는 각종 건설자재와 노동연대를 관리한다.

운수관리국(508군부대)

운수관리국은 북한군이 운용하는 모든 윤전기재들을 통합적으로 관리, 보장하는 부서이며 운전병 입대와 교육, 각종 윤전기재들의 부품보장 등을 책임진다. 직속으로 총참모부 청사 승용차 중대가 있는데 이들은 인민무력부장으로부터 시작하여 부부장들, 총참모장, 부총참모장들, 각 국 국장들의 운전병들로 구성되어 있다. 대외기술총국은 한국, 미국, 영국, 일본 등의 국가들이 개발한 최신형 군사기술들을 소개한 각종 군사잡지들을 번역하는 일과 비밀리에 입수된 군사기술 데이터를 연구하여 그것을 북한군에 도입하는 일, 북한군부가 자체로 개발한 군사기술과 생산된 장비를 해외에 수출하기 위한 기술데이터를 작성하는 일 등 해외군사기술의 유입과 유출을 담당하고 있으며 제2경제 위원회와 협력관계를 유지하고 있다.

자재관리상사

자재관리상사는 총참모부에서 사용되는 모든 군사건설 및 일반건설 자재들을 관리하고 공급하는 곳이며 후방총국 직속기관이다.

도로국(569 군부대)

도로국은 군사전용 도로를 건설, 관리하며 전시 군수물자 조달전용 후방 통로의 개설임무를 담당한다. 공병국이 공격용 군용도로를 확보한다면 도로국은 후방조달용 도로를 담당하며 평화시기에는 북한 내의 모든 1급~4급 도로들의 상태를 점검하는 역할도 수행한다.

검수국

검수국은 제2경제위원회 예하 군수공장들과 무력부 직속 공장들에서 생산된 모든 병기, 군수물자, 보조장비들을 검사하여 국내와 해외로 반출하거나 해외에서 반입되는 군사관련 장비들을 검사한다. 현재 검수국 예하에는 약 120여개의 직속중대가 있는데 북한의 각 지역 군수공장에 주재하면서 생산되는 각종 포, 기관총, 자동소총, 어뢰, 기뢰, 미사일, 수류탄 등에 대한 검사를 담당하며 거의 여성군인들로 구성되어 있다.

군사건설국

군사건설국은 북한군이 사용하는 지하시설, 방어시설, 포대, 비행장, 군항 등 군사시설들에 대한 설계와 건설 및 보수, 수리 등을 담당하며 직속으로 건설부대를 운용하고 있다. 각 군단, 사령부들에 의해 조직된 군사건설부와 건설부대들을 지휘하며 북한의 4대 군사노선 중 전국의 요새화 부분을 담당하는 주요한 역할을 하고 있다. 일반건설국은 군인들의 생활에 필요한 주택, 병실, 운동장, 도로 등을 건설하거나 평양의 광복거리, 통일거리, 남포갑문 등 대형건설에 참가하며 무력부 직속 건설여단과 각 군단직속 건설연대들을 지휘한다.

측지국

측지국은 북한 전 지역을 발로 뛰면서 지형을 측정하고 군용지도를 만들어내는 곳이다. 북한군이 사용하는 1 대 50,000 작전지도와 한반도 전체의 지형을 조사한 지형도, 해도를 만들어 각 군종, 병종 사령부들에 공급하며 변화된 지형을 조사하여 기입한다.

재정국

재정국은 인민군대 내의 모든 재정업무를 총괄한다. 1년 국방예산을 내각 재정성에서 받아 각 군단, 사령부, 최고사령부 예비대에 분할하며 군인전용으로 지급되는 후불권, 무현금행표, 현금영수증 등 재정과 관련된 각종 서류들을 만들며 군부대와 사회기관, 제2경제 사이의 재정유통을 조종한다. 원칙적으로 군부와 사회기관, 군부와 제2경제 사이에서는 현금거래를 할 수 없으며 무현금행표로 거래한다.

종합계획국(547군부대)

종합계획국은 북한군의 1년 예산을 편성하여 국가계획 위원회에 제출하며 군수공장들의 생산계획을 작성하고 군수지원과

민수지원의 비율을 조종하는 군대 내의 기획예산 기관이다. 총 참모부 재정국과 늘 대립되어 있으면서 상호필요로 하는 기관 인데 1년간 인민무력부에 배당된 재정에 준하여 각종 계획을 세우며 구체적으로는 병력과 군사장비의 증강 등 군사력 증강 에 관한 기초계획을 세우는 곳이다.

외사국의 구체적인 명칭은 총참모부 대외사업국이고, 대부 분의 구성원들이 외국어대학이나 국제관계대학, 압록강대학 출 신들이며 각종 외국어를 구사하면서 군사 대표단들이 외국을 방문할 때와 외국 군사대표단이 북한을 방문할 때 통역을 전담 한다. 해외에 군사무관으로 나갈 수 있는 기회가 있으며 해외 군사무관들로부터 정보를 받아 정리하여 작전국에 통보한다.

총무국(580군부대)

총무국은 각종 신분증명서와 출입증명서, 출장명령서, 전선 지구 출입증명서, 무기휴대증, 기통수증명서, 군인증, 제대군인 증, 자동차통행증, 평양시출입증 등을 제작, 발급하며 중요한 군 사기밀 문건을 보관, 관리한다.

교육국

교육국은 북한군 군관, 하사관, 전문병의 정치, 군사교육을 총체적으로 기획하고 지휘하는 기관이다. 각급 군사학교, 정치 교육 기관들의 교육강령과 교육내용, 교육기간, 교육방법 등을 연구하며 교육교재를 공급한다. 각 군단급 사령부에는 교육과가 있으며 자체로 단기 군관학교와 하사관 강습소 등을 통해 병과별 초급지휘관들을 교육한다.

참모재정부

참모재정부는 재정국 직속으로 총참모부의 재정예산을 담당하는 부서이다. 인민무력부 부서장들 가운데 계급이 제일 낮지만 거의 모든 국장들이 1년간 예산을 조금이라도 더 받기위해 좋은 관계를 유지하려고 한다. 1990년 중반 총참모부 재정국과 참모재정부가 함께 모의하여 무력부 내에서 유통되는 무현금행표를 현금화했다가 군사재판에 회부된 적도 있다.

피복국

피복국은 북한군에서 근무하는 모든 군인들의 군복, 속옷, 양말, 발싸개, 모자, 배낭 등 피복으로 된 모든 것을 생산, 공급하는 후방부서이다. 예하에 인민군 제22호 공장을 운용하고 있으며 이 공장에서 동기피복, 하기피복, 모자 등 피복제품들을 생산, 공급하고 있다. 군의국은 북한군의 대대급 군의소, 연대급군의소, 사단급 병원, 군단급 종합병원, 인민무력부 내 전문 병원들에 대한 군의관, 간호병, 위생병들에 대한 양성과 교육을 담당한 부서이다. 북한군 부대 내의 거의 모든 군의관들은 김형직 군의대학 졸업생들로 구성되어 있다. 일부 평양 의학대학과 각 도에 있는 의학대학 졸업생들이 군의관이 되는 경우도 있지만 대부분은 군의대학 출신들이 군의관으로 배치된다.

장비국

장비국은 제2경제위원회와 제2자연과학원에 각 군단, 사령부들에서 필요한 장비들을 종합하여 의뢰하며 새로운 군사장비들을 개발한다. 또한 이미 보급된 장비들에 대한 보관과 관리도 책임진다. 연료국은 인민군에 필요한 휘발유와 디젤유를 비롯한 여러 종류의 기름을 저장하고 공급하는 부서이다. 각 군단, 사령부들에 연료공급부가 있으며 1년간 필요한 연료의 소비량에 근거하여 평안북도 피현지구와 함경북도 나진선봉지구에 설치되어 있는 인민무력부 연료창에서 직접 공급한다. 전시에 필요한 전투기와 함정, 탱크, 장갑차 등에 필요한 기름은 전시용 군수품으로 따로 보관, 관리하고 있다.

600호 관리소

600호 관리소는 인민무력부 청사의 지하에 있는 갱도를 관리하는 부서이다. 관리소의 인원은 1개 중대 가량이며 대원들은 모두 초기복무 하사관들이다.

501호 관리소

501호 관리소는 인민무력부 청사를 관리하는 부서이다. 청사보수, 청소, 관리 등 지상에 있는 모든 건물과 시설들을 관리하며 600호 관리소와는 별도로 일을 하는데 관리소장을 제외한 모든 인원이 군인이 아닌 노동자들로 구성되어 있다.

종합계획국과 군수계획국

  종합계획국은 인민군의 거의 모든 것을 계획한다. 군수계획국은 군인 소모품만을 전문으로 기획하고 할당하는 역할을 한다. 군복, 식량, 부식물, 생필품 등 군인들의 일반생활에서 소모되는 물자만을 생산·공급하는 계획을 세우고 집행한다.

  이상으로 인민무력부의 각 부서를 살펴보았다. 무력부가 총참모부에 대한 명령권을 잃은 것은 김일성 사후 인민무력부장 겸 총정치국장이었던 오진우가 사망한 1995년 이후였으며 이는 고난의 행군 시작과 함께 군부에 대한 불안을 느낀 김정일식 분할통치가 작용한 결과이다. 김정일의 군부에 대한 불신으로 오늘과 같은 기형적인 군사지휘 시스템이 만들어졌다. 이러한 명령지휘체계의 도입은 북한군의 노병들이 결코 받아들이기 힘든 일이었다.

보위사령부

1948년 2월 8일 조선인민군 창건과 함께 군대 내 반탐기관으로 조직된 안전기관은 인민군 정치안전국으로부터 보위국으로, 다시 보위사령부로 개편되면서 1990년대 초에는 프룬제사건, 중엽에는 6군단사건, 그리고 고난의 행군시기에는 각 지역의 민사사건에까지 개입하면서 오늘에 이르렀다.

아래의 표에서 보는 것처럼 보위사령부의 본래 취지는 군부대 내부를 담당한 감찰 및 사찰 기관이지만 현재는 군과 민에 대한 구분이 없어졌다. 보위사령부의 기본사명이 군대 내 반체제세력의 척결과 반탐이지만 1990년대 중반, 이른바 고난의 행군시기에는 각종 사회비리조사까지 참여했다.

처	임무
1부	종합 계획부, 각 군단사령부 보위부들의 보고를 종합하고 지시
2부	수사부, 반 국가사건을 비롯한 군대 내 발생사건에 대한 수사담당
3부	예심부, 각 군단 보위부들에서 미결로 처리된 예심사건을 담당
4부	감찰부, 군대 내 살인사건과 각종 비리사건을 조사
5부	사건 종합부, 각 부서들의 사건을 종합적으로 분석하고 정보를 수집
6부	미행부, 사건용의자들과 외국인들에 대한 도청, 감시, 미행
7부	기술부, 각종도감청장치의 개발과 음성분석을 비롯한 기술분석 담당
8부	공장 담당부, 무력부 예하 군수공장들에 대한 보안 및 경비를 담당
9부	특수기관 담당부, 일반군인들의 접근이 금지된 기관들에 대한 담당
10부	주민등록부, 군관가족들에 대한 주민등록과 신상정보를 파악
11부	해외 담당부, 해외정보수집과 국내에 들어오는 외국인 담당

〈표5〉 북한군 보위사령부의 부서별 임무.
*출차: 전 북한군 소좌 이주철, 송백현, 대위 김경일의 증언.

보위 사령부는 지금도 김정은의 지시에 따라 국가안전보위부, 인민보안부 등 북한의 권력기관들에 대한 조사를 담당하고 있는 것으로 알려진 막강한 권력기관이며 국내와 해외에 정탐 및 반탐 기지를 가지고 있다. 총참모부와 각 군단사령부, 해군사령부, 공군사령부를 비롯한 북한군 전체에 보위부가 설치되어 있으며 정찰국이나 민사경찰 같은 특수부대의 경우에는 소대 단위까지 보위지도원이 파견되어 있다.

특수부대를 제외한 일반 부대에는 대대급 단위에 보위지도원이, 연대 이상부터는 보위부가 설치되어있고, 군단급 단위에는 보위소대가 있으며 사단급 부대들과 군단사령부급 부대들은 보위부가 관리하는 수용실을 따로 운용하고 있다. '고난의 행군'이 시작되었던 1990년대 중반부터는 김정일의 지시를 받아 중앙당과 지방당, 국가안전보위부와 인민보안부에 대한 대대적인 검열과 숙청도 주도한 것으로 알려져 있다. 군부 내 주요 간부들인 무력부장과 총정치국장을 포함한 군사지휘관들과 정치군인들의 동향을 수시로 체크하며 전화도청, 감청, 미행감시를 하고 있으며 반국가 사건이나 주요 군사정치간부들의 사건은 모두 간첩사건으로 몰아 처리한다. 각 부대 연대장 이상급 운전병이나 연락병, 간호병 등 군인들과의 접촉이 많은 병종의 군인들을 선발해 정보원으로 활용하고 있고 일반 보병소대(약30명)에 2~3명의 정보원을 두고 있다. 보위군관들은 김일성정치대학 보위반이나 보위군관학교에서 따로 양성하고 있고, 이들에게는 국가안전보위부 정치대학에서 이용하는 보위원 양성을 위한 학과목 이외에 군사기술 과목까지 추가된다. 4년제 대학을 졸업하면 중위계급을 달고 대대보위지도원이나 연대 이상급 보위부로 배치된다. 이들이 현장에 배치되어 처음으로 하는 일은 소속 기관의 군사지휘관들과 정치군관과의 관계 문제이며 이들의 관계를 이용하여 내부정보를 수집하는 요령을 터득하는 것과 각 단위에서 활동하고 있는 정보원들에 대한 관리다.

북한군 보위사령부가 한국의 기무사령부에 해당하는 반탐기관이라면 정보사령부에 해당하는 정보기관은 정찰국 해외

정보처이다. 그리고 국정원에 해당하는 국가안전 보위부와 노동당 중앙위 작전부, 대외정보국, 통일전선부 등은 해외정보를 수집하여 분석하는 부서들이며 북한 군사정책 결정에서 중요한 정보를 제공하는 역할을 한다. 이들 정보기관에는 해외 군사정사 전문가들이 소속되어 해당 국가의 각종 군사 잡지들과 인터넷 자료들을 수집하고 있다. 그리고 세계적으로 새로 개발되는 무기들과 군사장비들에 대한 장단점과 그것을 북한에 도입할 경우 드는 비용 및 서비스 내역을 포함한 모든 것을 수집, 분석한다.

군부에 대한 명령지시 체계와 사례

1972년 후계자로 내정된 김정일이 제일 먼저 한 일 중 하나가 내부 정보의 유출 및 외부 정보의 유입에 대한 통제였다. 김정일은 자신이 독점하고 있는 내·외부 정보를 간부들에게 배분했고 군부와 각 지방의 당에서 매일 보고되는 자료들을 문서화하여 간부들의 수준에 맞게 열람을 허용했다. 외부로부터 유입되는 정보는 「노동신문」이외에 「참고신문」「참고자료」 등 특별한 통신소식지를 만들어 간부들의 수준에 맞췄다.

초급당비서 이상 시군급 부장 이하 당 간부들에게는 「참고신문」을, 시군급 비서 이상 당 중앙위 과장 이하 간부들에게는 「참고통신」을, 각 도당 책임비서들과 노동당 중앙위 부부장 이상 간부들에게는 아무런 제목도 없는 이른바 '백지통신'을 돌

렸다.

이러한 전통이 만들어낸 명령지시에 대한 대상선정은 군부 내 서열을 확실하게 구분하여 명령지휘체계 강화와 비밀보장이라는 순기능적인 역할도 하지만 군사지휘관과 정치군관 및 보위군관, 군관과 병사, 부대와 구분대, 직무와 군사칭호, 군인과 사민을 차별하여 상호감시에 의한 불신과 이에 따르는 내부 분열이라는 역기능적인 역할을 하기도 한다.

최고사령관 명령

북한군의 최고 명령권자인 최고사령관이 하달하는 군령인 최고사령관 명령은 1991년까지는 최고사령관이 국가주석의 고유권한이었기 때문에 김일성에 의해 발령되었다. 그러나 1991년 12월 24일 김정일이 최고사령관에 추대된 이후에는 김정일에 의해 현재까지 약 200여 회의 명령이 발령되었고 김정은의 경우에는 현재까지 3건의 명령을 하달했다. 지금까지 내외에 알려진 명령서는 군장성 인사명령, 매년 진행되는 전투정치 훈련명령 등이 있는데, 김정일이 북한군 최고사령관으로 추대된 1993년 7월 19일에는 전승 40주년을 기념해 북한군 군관 및 장령 99명을 진급시키는 '최고사령관 명령 제0040호'를 발표하는 등의 명령을 하달하고 있다.

이외에도 김정일에 의해 하달된 주요 '최고사령관 명령'으로는 1992년 4월 23일 16명의 '대장승진을 포함한 총 664명의 군 장성들을 진급시킨 최고사령관 명령' 제0024호, 1993년 3

월 8일 팀 스피릿 훈련과 관련해 '전체 북한군 및 무장력에 대한 준전시상태 선포'를 내용으로 한 최고사령관 명령' 제0034호가 있다. 또한 2002년 1월 '중북국경지대의 경비근무를 강화한 것에 대한 최고사령관 명령' 제00120호, 2003년 10월2일에 발령된 '2004년도 조선인민군, 민방위, 인민보안기관 작전 및 전투정치 훈련과업에 대한 최고사령관 명령' 제00163호 등이 있다.

북한에서 매해 12월 1일부터 시작되는 새해의 전투정치훈련 과업에 대한 최고사령관 명령서는 인민무력부 작전국과 제1전투훈련국, 제2전투훈련국, 정찰국이 합동하여 작성하는데, 명령을 받아 집행하는 상대는 인민군, 민방위, 국가안전보위부, 인민보안부 등 무력기관들이다. 북한군에서는 새해 전투정치 훈련 명령서가 하달되는 10월을 기해 명령서 작성을 위한 임시상무가 조직된다.

이때 작전국(525군부대)에서 북한군의 보병, 포병, 통신병, 화학병, 특수부대, 해군, 공군, 기계화 부대 등을 담당한 각 처(處)들에서 차출된 상급참모들과 제1, 제2전투훈련국에서 각 병과들의 훈련방법을 전문으로 담당하는 상급참모들이 차출된다. 이들은 평양시 대성구역 고방산에 있는 정찰국 초대소나 작전국 초대소에서 합숙을 하면서 명령서를 작성한다. 완성된 명령서는 작전국 각 병과 담당 부국장들과 전투훈련국장의 확인을 받아 총참모장에게 제출되며 제출된 서류는 총참모장의 검토를 거쳐 인민무력부장과 총정치국장의 사인을 받으며 이것을 당 군사위원회와 조직지도부로 보낸다.

　당 군사위원회와 조직지도부는 인민무력부가 작성한 명령서가 군사훈련에 대한 김일성의 교시와 김정일의 말씀, 방침, 지시, 명령에 어긋나지 않는지, 국제 및 국내 정세에 어울리는지, 당시 북한군이 처한 상황에 맞는 것인지(군종, 병종 부대들에 대한 식량공급, 군인들의 사기, 부대들의 전투력 등)를 판단하여 최종 결정한다. 선택된 대안은 중앙당서기실로 보내며 서기실의 군사담당 서기는 이를 김정일에게 보고하고, 최종 사인을 받으면 김정일의 이름으로 된 최고사령관 명령이 발령되는 것이다.

　최고사령관 명령 이외에 최고사령부 명의로 된 명령서가 발의된 사례도 있는데, 2006년 7월 22일자로 발령된 '조성된 정세에 대처하여 전군이 만단의 전투동원 태세를 철저히 갖추기 위한 긴급대책을 세울 데 대하여'이다. 명령서는 서두에서 "최고사령관 동지께서 2006년 7월 19일, 조선민주주의 인민공화국 외무성 성명이 발표된 것과 관련하여 만단의 전투동원 태세를 철저히 관철하기 위한 비준과업을 주시었다. …… 조선인민군 최고사령관 김정일 동지께서 2006년 7월 19일에 주신 비준과업에 따라 적들의 그 어떤 횡포한 도전도 일격에 짓뭉개 버릴 수 있게 만단의 전투동원태세를 갖추기 위하여 다음과 같이 명령한다"라고 하면서 각 부대들에서 고장난 포와 전차, 함선 군용기들을 장악하여 제 기일 내에 수리하여 갱도생활을 잘할 수 있도록 하라고 했다.

　북한은 전술에 있어 최고사령관 명령을 전략적으로 이용한적이 있는데 이른바 '무더기 미사일 발사사건'이다. 이 사건은 최고사령관의 명령이 사건 발생 전에 작성되었다고 보기에 의심되는 부분이 있다.

북한의 중장거리 미사일 발사시험은 7월 5일에 있었고, 이에 대한 유엔안보리 결의안은 7월 15일에 발의됐으며 하루 후인 7월 16일에는 북한외무성 성명이 발표되었다.

최고사령관 친필지시로 명령서가 발령된 것은 7월 19일 이었는데 의외로 아주 신속하게 명령서가 발의된 것이었다. 이것은 북한이 7월 5일 미사일을 발사하기 전에 국제사회의 반발을 미리 예상하고 최고사령부 명령서를 미리 작성했다는 것이다. 이후 유엔결의안에 따르는 외무성 성명이 발표되자 바로 김정일에게 비준을 건의했으며 이를 계기로 북한군 내의 고장난 무기들과 전투기술기재들에 대한 신속한 수리와 보수를 명령했다는 것을 알 수 있다. 각 부대들에 구체적인 지시를 하달하는 수십 페이지에 달하는 명령서가 단 며칠 안에 작성되었다고 보기는 어렵다. 명령서의 내용을 보면 여기에 작전국, 병기국, 군수동원총국 등 여러 부서들에서 차출된 전문가들에 의해 작성되었다는 것을 알 수 있다.

최고사령관 명령 사례를 정리하면서 흥미로운 부분을 발견했는데, 김정일이 최고사령관으로 추대된 이후 지금까지 유지되었던 '조선인민군 군관, 장령들의 군사칭호를 올려줄 데 대하여'라는 명령서의 제목이 2010년 4월 15일부터는 '조선인민군 지휘성원들의 군사칭호를 올려줄 데 대하여'로 바뀐 것이다. 이

것은 최고사령관 명령으로 상장, 대장 군사칭호를 받은 사람들이 군인뿐만 아니라 북한 군부의 오랜 전통을 깨고 노동당 중앙위원회 부부장들과 부장들, 특히 김경희와 김정은, 장성택 등 민간인들에게도 별을 달아주어야 했기 때문에 군관이나 장령이라는 표현을 사용하지 못한 것이다.

〈그림6〉에서 전 현직 북한군 군관들의 증언을 토대로 최고사령관 명령 발령과정을 그린 것인데 현직군관들과 전직군관들의 증언이 확실한 차이를 보이고 있다. 현직군관들의 경우 최고사령관 명령은 인민무력부나 국방위원회에서만 제안할 수 있고, 제안 후 중앙당 서기실을 경유하지 않고 바로 명령서가 발령되는 것으로 알고 있다. 전직군관들은 최고사령관 명령서를 제안할 수 있는 기관은 북한의 모든 무력 기관이고, 반드시 중앙당 서기실을 경유해야 한다고 주장하고 있다. 이는 모든 것을 비밀로 취급하는 북한사회의 특성상 총참모부에서 근무하는 군관들도 중앙당 서기실이 존재한다는 것을 모르는 경우가

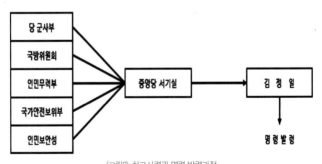

〈그림6〉 최고사령관 명령 발령과정.

많으며 탈북 군관들의 경우에는 중국이나 한국에서 많은 정보를 접할 수 있다는 사정과 관련된다.

이상에서 본 최고사령부 명령의 가장 큰 특징은 명령의 상대가 군대와 민간무력이라는 것이다. 명령 내용은 군 승진인사, 군사훈련, 군사규율, 준전시상태의 선포, 군사비밀 엄수, 군사규정 학습 등 광범위하며 모든 명령들이 노동당에서 결정한 군사정책 집행과도 밀접한 연계가 있다는 것을 알 수 있다.

당 중앙군사위원회의 명령과 지시

지금까지 입수된 당 중앙군사위원회의 명령과 지시에 대한 북한 내부 비밀자료들은 그리 많지 않다. 북한군 경험자들의 경우, 최고사령관 명령이나 인민무력부의 명령과 전신지시는 어느 정도 기억하고 있다. 그러나 당 중앙군사위원회의 명령과 지시에 대해서는 기억을 전혀 못하고 있다. 이는 최고사령관 명령이나 다른 명령과 지시들에 비해 당 중앙군사위원회 명령이 발령되는 횟수가 적으며 명령과 지시에 대한 전달대상이 제한적이라는 데 그 원인이 있다. 비밀등급 급수가 '극비'로 되어 있는 최고사령관 명령의 경우 전달대상이 일반 군인들로부터 장성들, 당, 정간부들에 이르기까지 내용을 분류하여 전달하는 것으로 하여 많은 사람들에게 알려져 있다. 특히 조선중앙통신과 「노동신문」, 중앙텔레비전에 자주 등장하기 때문에 명령자체가 일반성을 갖고 있는 것처럼 보인다. 당 중앙군사위원회의 명령과 지시 역시 최고사령관 명령이나 최고사령부 명령처럼 전문

부서들에서 차출된 전문가들에 의해 작성된다. 지금까지 알려진 명령 4건, 지시 1건의 구체적인 내용은 당 군사위원회의 지시를 받은 전문기관이 작성한 것들이다.

명령 제00112호는 인민보안기관이 내무군의 역할을 강화하기 위하여 평시 군사훈련을 잘해야 하며 전시 지역방어와 치안에 대한 구체적이고도 실천성 있는 계획을 세워 집행할 것을 종용하고 있다. 그리고 비사회주의와의 투쟁, 북부국경경비에 대한 협조, 노농적위대가 보유한 무기·전투기술기재들에 대한 관리, 민간에 반항공훈련을 지도하고 집행하면서 전시에는 총참모부의 명령에 따라 군사작전에 참여해야 한다고 지적하고 있다. 명령 제00115호는 '북한내에서 무기를 보유하고 있는 군단사령부급 단위들과 총참모부, 인민무력부, 총정치국, 보위사령부와 직속 단위들, 호위사령부, 인민보안성, 국가안전보위부, 군수동원총국, 제131지도국, 당 중앙위원회 6처6부, 제1여단, 모든 특수단위, 완전 닫힌 구역들에 대한 무기, 탄약들의 공급과 연2차 수불심사(受拂審査)를 정확히 조직 진행할 데 대하여' 명령하고 있다.

'전시사업세칙을 내올 데 대한 당 군사위원회 지시' 제002호는 서론에서 '지상과 공중, 해상에서 입체적으로 진행되는 현대전쟁에 대처하여 전시사업세칙을 내오는 것은 유사시에 전당, 전군, 전민을 하나의 통일적인 지휘 밑에서 움직이게 하고 나라의 인적, 물적 자원을 총동원하는 데서 매우 중요한 의미를 가진다.'라고 지적하고 있다. 총 31페이지 분량에 2개의 장, 6개의 절로 구성된 전시사업 세칙에서는 총칙, 전시에 대한 개념, 전시사업의 기본, 인민군대 사업, 군종·병종 지휘관 참모부 사업, 후방부문사업, 역사기록부 사업의 제목으로 북한의 민과 군이 전력을 다해서 전쟁에 임하며 각 부대별 임무와 전쟁의 장기성, 제2전선의 형성 등 전쟁을 가상한 구체적인 계획을 담고 있다. 2009년 9월 3일부 당 중앙군사위원회 명령 제0089호 '제7 연대칭호를 수여함에 대하여'는 조선인민군 제1971군부대와 3870군부대에 오증흡 제7연대 칭호를 수여한다는 것인데, 현재 이 운동은 총정치국 3대혁명 붉은기과에서 주관하고 있으므로 총정치국이 추서한 것으로 판단된다. 당 군사위원회의 명령과 지시의 경우 무기와 전략물자를 보유하고 있는 민간무력과 군대(내부군 포함)에 대하여서는 '명령'을, 군대를 포함한 전체 예비무력과 민간인들에 대해서는 '지시'를 하달했다는 것을 알 수가 있다. 이 경우 군대 내의 명령과 지시와는 조금 다른 의미를 갖는다. 군대 내 명령과 지시는 직속상관과 직계상관에 따르는 구분으로 해석되지만 당 군사위원회의 명령과 지시는 그 상대가 군대인지 민간인지에 따라 구분된다. 〈그림7〉에서 당 민방위부의 경우 당 군사위원회에 소속된 당 기관으로써 북한의 모든 민간무력들에 대한 평·시훈련과 통제, 전시전투임무를 부여하는 역할을 한다.

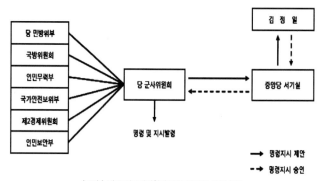

〈그림7〉 당 중앙군사위원회 명령 및 지시 발령과정.

　각 도, 시, 군, 구역 당 위원회들에는 민방위부 직속기관으로 민방위과가 있으며 이 기관이 각 지역의 민방위 무력을 통솔한다. 2004년 4월 7일부 전시사업세 대한 당 군사위원회 지시 제002호의 경우 인민무력부(총참모부, 군수동원총국, 후방총국)와 제91훈련소, 호위사령부, 제131국, 제6처 6부, 총정치국도 참여했지만 그림에서는 이 모든 무력기관들을 인민무력부로 표기하였다.

　이상의 자료들을 종합하면 당 중앙군사위원회의 명령과 지시 역시 최고사령관 명령과 마찬가지로 전문부서에 의해 작성되어 김정일의 최종사인을 받아 발령된다는 것을 알 수 있다. 여기서 특징적인 것은 최고사령관명령은 단순성을 갖는 반면 당 군사위원회의 명령과 지시는 종합적이고 구체적이며 정책적인 성격을 갖는다는 것이다.

국방위원회의 명령과 지시

1990년대부터 현재까지 공개 또는 비공개적으로 외부에 알려진 국방위원회 명령은 1994년 6월 15일 '국가의 병기물자들에 대한 관리통제 사업을 더욱 강화할 데 대한 명령' 제002호, 1999년 4월 '주민대피호 건설을 다그쳐서 후방의 요새화를 꾸릴 데 대한 명령' 제0010호가 있다. 또한 '산림조성과 보호 사업을 잘 할 데 대한 명령' 제0019호, 2000년 2월 '전당, 전군, 전민이 총동원하여 개천~태성호 물길공사를 진행할 데 대한 명령' 제0021호, 2000년 6월 군민일치의 위력으로 황해남도의 토지를 정리할 데 대한 명령 제0025호 등이 있다.

국방위원회의 경우 노동당 중앙군사위원회와는 달리 명령과 지시의 구분을 반대로 설정하고 있다. 당 군사위원회는 군대에 대해서는 명령을, 군대를 포함한 모든 국가기관 대해서는 지시를 하지만 국방위원회는 군대와 내무군에 대해서는 지시를, 군대를 포함한 당과 국가기관들에 대해서는 명령을 한다는 것이다.

여기서 노동당의 군사정책을 집행하는 국가기관으로 알려져 있는 국방위원회가 군대와 인민들을 동원시키는 명령을 내릴 수 있다는 데 대해서는 이해할 수 있다. 그러나 노동당에 대해서도 동원 명령이나 지시를 내린다는 것은 있을 수 없는 일처럼 인식되어 있다는 것이 북한 내부시스템을 잘 알고 있는 연구자들에게는 공통된 인식이다. 하지만 김일성과 김정일 유일지배체제가 확립된 북한 시스템에서 국가기관인 국방위원회가 노동당에 대해 명령을 내릴 수 있다는 것은 '당=국가=군대=지도자'라는 등식이 성립되어 있는 한 결코 불가능한 일이 아니라는 것이다. 또한 국방위원회라는 이름보다는 그 위원회를 구성하고 있는 멤버들이 모두 당과 군대의 중요 직책에 있고, 정부의 간부들이나 군대 간부들의 경우에도 그들 모두가 노동당 중앙위 정치국 위원이나 후보위원을 겸하고 있다는 점이 이를 잘 설명해주고 있다. 국방위원회가 노동당에 대해 동원 명령을 내린 것에 대한 의문은 2009년 4월부터 효력이 발생된 북한의 새로운 헌법조항들을 보면 충분히 이해할 수 있다.

국방위원회 명령은 대부분 당, 군, 민을 동원하여 국가의 주요경제정책들을 관철하기 위한 명령서로부터 시작하여 군 병력보충문제, 병기관리, 북부국경 경비문제, 전쟁준비, 해외투자문제 등 북한 내 군사와 경제에 대한 총제적인 지도와 감독, 통제를 담당하고 있는 것으로 나타난다.

2009년 4월 「노동신문」에 실린 국방위원회 구성멤버들의 경우 당, 군대, 군수경제, 국가안전, 인민보안 간부들을 포함하고 있지만 내각의 실무일꾼이나 경제전문가는 한 사람도 없다는 것이 특징적이다. 그럼에도 불구하고 국방위원회가 내각이 할 일을 대신하여 국가의 전반적인 경제상황을 체크하고 지시하며 통제한다는 것은 1990년대 선군정치로 인해 달라진 북한의 내부시스템에 기인한다. 그것은 지나치게 비대해진 군부의 정치적 영향력이나 군부가 갖고 있는 경제영역을 내각의 권한으로는 감당하기 어렵기 때문이다. 즉, 내각이 담당해야 할 수력

발전소 건설, 고속도로건설, 토지정리 등 대규모 국가건설현장에는 군대가 투입되어 있고, 심지어 군인들에 의해 주요공장이나 광산들이 운용되고 있기 때문이다. 또한 국가의 주요 외화원천 획득에도 군대가 앞장서 있는 현실에서 군대를 움직이지 못하면 국가경제를 운용할 수가 없게 되어있다. 바로 이러한 것들이 국방위원회와 내각이 해야 할 국가경제 운용이나 지도·관리 및 통제에 참여하게 된 중요한 원인으로 된다.

이상의 자료들에서 본 국방위원회 명령과 지시발령 과정을 통해 국방위원회의 기능이 단순한 국가관리 차원을 넘어 선군정치 하의 북한이 추구하는 체제의 현상유지를 위한 중요한 수단이라는 것을 알 수가 있다. 이러한 과정에서 발령되는 국방위원장의 명령과 당 중앙군사위원장의 명령, 그리고 최고사령관명령이 중복되거나 세 가지 명의를 모두 이용하는 경우도 있는데, 상대에 따라 그 순위가 달라지기도 한다. 북한내부에서는

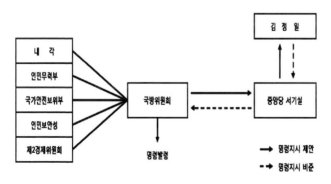

〈그림8〉 국방위원회 명령 및 지시 발령과정.

김정일이 국방위원회 위원장, 당 중앙군사위원회 위원장, 최고
사령관을 겸하고 있었기 때문에 관직의 순위에 민감하게 반응
하지 않는다.

북한의 「노동신문」과 조선중앙텔레비전에서 보도되는 김정
일의 시찰과정을 보면 그 상대가 군부대일 경우에는 최고사령
관 명의를, 공장이나 농장일 경우에는 국방위원회 위원장의 명
의를 사용한다. 지금까지 북한 언론에 공개적으로 표현되었거
나 내부적으로 하달된 명령서에서는 당, 군, 정을 모두 어우르
는 '국방위원회 위원장'이라는 표현이 가장 많이 사용되는 것으
로 알려져 있다.

군부 권력의 상호관계

북한 언론이 공개하는 각종 행사와 시찰에 참가하는 군부 세력을 이름 순으로 그 지위를 짐작하는 것은 맞는 방법이 될 수도 있고, 틀린 방법이 될 수도 있다. 왜냐하면 북한의 군부 엘리트들에 대한 기본정보가 차단되어 있고 북한 언론이 통제되는 상황에서 어쩌면 이 방법이 가장 공개적이면서 적합한 것으로 인식될 수 있기 때문이다. 그러나 김정일식 통치 방법을 김정은이 그대로 물려받는다고 가정하면 내부사정을 좀 더 구체적으로 들여다 볼 필요가 있다. 현재 북한군부의 핵심으로 인식되는 간부들은 총참모장 이영호, 인민무력부장 김영춘, 총정치국 제1부국장 김정각, 작전국장 김명국, 정찰총국장 김영철, 해군사령관 정명도, 공군사령관 이병철, 총정치국 조직부국장 김원홍, 국방위 부위원장 장성택, 오극열, 인민보안상 이명수, 국가안전보위부 수석 부부장 우동측, 국가안전보위부 정치국장 김창섭, 호위사령관 윤정린, 제11폭풍군단장 최경성, 2011년 9월 27일 인민군 대장칭호를 받은 당 부장 김경희, 조직지도부 제1부부장 김경옥, 이재일, 당 비서 최용해 등 노동당 중앙군사위원회 위원들과 국방위원회 위원들이다.

이 중에서 현재 공석중인 인민군 총정치국장에 기용될 수 있는 가장 가까운 인물은 최용해인데, 이는 그가 항일 2세대이며 사로청(김일성사회주의청년동맹, 북한의 유일한 청소년 사회단체) 중앙위원회 위원장 역임을 비롯한 정치경험이 풍부하고 인민군 대장 군사칭호를 가지고 있기 때문이다. 하지만 그가 총정치국장이 된다 하더라도 제2의 조명록이 될 수 없는 것은 장성택이 있기 때문이며 만일 장성택이 노동당 조직지도부 비서나 부장이 아닌 인민군 총정치국장이 된다면 조명록에 이어 북한의 2인자가 될 가능성이 높다.

그러나 2012년 2월 16일을 계기로 총정치국 제1부국장 김정각이 차수군사칭호를 받은 것은 그가 총정치국을 계속 이끌어간다는 것이며, 김정은이 총참모장 이영호를 계속 신임한다면 현재의 총정치국장 자리가 공석이 될 것이고, 반대의 경우에는 김정각이나 다른 사람이 총정치국장이 되어 이영호를 견제할 것이다.

그리고 김정은이 아버지 김정일처럼 노동당 중앙위 조직비서나 조직부장, 국가안전보위 부장을 공석으로 두려고 한다면 김정일식 은둔정치가 될 것이며, 지금의 공석들이 모두 채워진다면 개인의 판단이 아닌 당 대회와 법률에 의거하는, 집체결정을 선호한 김일성식 공개정치나 김경희, 장성택의 섭정이 될 가능성이 높다. 이 시스템 속에서 북한군부 내 실력자들 중, 특히 오극열은 주목해야 할 인물인데 그것은 그가 현재 북한군 지휘관들에 내재되어 있는 군인다운 군인이라는 좋은 이미지와 항일이라는 국가정통성에 관계된다.

일부에서 그가 병으로 정찰총국장 김영철에게 밀렸다는 설도 있지만 북한군 내에서 '오중흡 7연대운동'이 계속되고 연대장이상급 지휘관들이 신뢰하고 있는 군사작전, 즉 오극열이 공군사령관, 작전국장, 총참모장을 지내면서 만들어놓은 작전지휘 체계가 존재하는 한 북한군부의 그 누구도 오극열을 뛰어넘을 수는 없다.

한편 인민무력부장 김영춘은 북한군부 내에서 얼굴마담으로 각인되어있고 작전국장 김명국은 모두로부터 인정받는 작전통으로 김정일의 군사무관을 지낸 경력까지 있으므로 향후 김정은 체제에서도 중요한 역할을 할 것이다.

최근 김정은의 군부대 시찰에 이름을 자주 올리는 총정치국 조직부국장 김원홍과 작전국 제2차장(최고사령부처) 이두성 역시 총정치국과 최고사령부를 이끌며 북한군을 김정은의 군대로 만들 막중한 책임을 지고 있다. 이 과정에서 총정치국과 총참모부, 인민무력부, 보위사령부, 국가안전 보위부, 인민보안부가 상호견제와 감시, 충성경쟁을 동반한 이익집단의 충돌은 피할 수 없을 것으로 보인다.

더욱이 국내와 해외의 주요한 외화벌이 기지들이 거의 군부에 넘어가 군대가 북한 경제의 주요 명맥인 외화원천들을 독점함으로써 북한에 존재하는 당 경제, 군수경제, 민간경제 외에 '군대경제'가 따로 존재하는 상황에서 경제적 이권을 둘러싼 노동당, 군부, 내각, 국가안전보위부, 인민보안부의 이권 쟁탈전은 더욱 심화될 것으로 판단된다.

김정일 시대의 북한 군부에서 절대적인 권력 집단은 존재하지 않았다. 노동당과 총정치국, 총참모부, 호위사령부, 보위사령부, 국가안전보위부, 인민보안부가 지도자의 필요에 따라 다른 권력집단을 짓밟는 과정에서 '심화조 사건'이라는 신조어도 생겨난 것이다. 김정은 시대의 북한 군부도 같은 맥락에서 본다면 원래부터 갈등관계에 있는 군사지휘관들과 정치군인들, 보위군관들, 그리고 당 간부이면서 동시에 인민군 장성인 노동당 중앙위간부들 사이의 상호견제와 치열한 권력투쟁이 예견된다. 이 모든 과정에서 장성택과 그의 세력들이 중심적인 역할을 할 수도 있고, 일정한 기간이 지나 김정은이 홀로서기에 성공한다면 현 집권세력이 아닌 새로운 세력들에게 힘을 주어 물갈이에 이용할 가능성도 배제할 수 없다.

이상에서 김정일 시대를 이은 김정은 시대의 북한 군부에 대하여 구체적으로 살펴보았는데, 17년간 지속된 선군정치는 계속될 것으로 보이며 노동당에 의한 통제와 지도가 보다 강화될 것이다. 김정일이 사망 전 선군정치가 아닌 경제우선 정치를

목표로 군대에 대한 시찰을 점차 줄이면서 북한의 경제 상황을 선군정치 이전의 1990년으로 회기하려고 했던 것만은 사실이며 이는 선군정치 하에서는 북한 경제를 더 이상 회생할 수 없다는 인식으로부터 출발한 것이다.

하지만 김정일이 자신의 의도를 실현하지 못하고 사망하자 그 모든 짐은 고스란히 후계자 김정은에게 돌아갔고, 김정은은 김정일이 쌓아놓은 선군정치라는 울타리에 갇힐 것이며 여기서 벗어나는 데는 상당한 시간이 소요될 것으로 보인다. 선군정치를 지속하는 동안에는 개혁·개방이 불가능하다는 것은 말할 나위도 없으므로 이로부터의 대남관계는 김정일 시대의 그것을 답습할 것으로 판단된다.

이러한 상황에서 중국, 러시아, 미국, 일본 등을 향한 북한의 대외관계도 주목이 되는데 최근 「노동신문」의 사진들과 중앙텔레비전 화면에서 흥미로운 점들이 발견되었다. 2012년 1월 중 김정은이 북한군 공군부대를 시찰하면서 북한 공군이 보유하고 있는 전투기들과 수송기, 헬기 사진을 통해 공개했는데, 이는 북한이 중국과 러시아를 향한 의도적인 행위로 보인다.

세계의 어느 나라 군대도 보유하지 않고 폐기해버린 MIG계열의 낡은 전투기들과 헬기들, AN2수송기의 모습을 사진으로 공개하는 것은 북한 공군의 취약성을 널리 선전하는 것이며 중국이나 러시아로 하여금 북한 공군을 지원하지 않으면 안 되겠다는 위기의식을 갖도록 유도하려는 것이다. 집안의 낡고 허름한 모습을 감추려는 것이 일반적인 심리인데, 오히려 북한은 이를 공개함으로써 고난의 행군시기 먹지 못해 뼈만 앙상한 어린 이들의 사진을 국제사회에 공개해 식량지원을 이끌어 냈던 경험을 되살리려는 것이다.

2011년 김정일이 중국과 러시아 방문에서 양국으로부터 해 공군장비에 대한 지원을 거부당한 이후 중국과 러시아는 각 군대의 합동재난 구조훈련이라는 명목으로 북한을 달래려 했지만 북한은 한술 더 떠서 김정은의 공군부대 시찰을 통해 공군장비 상황을 전 세계에 공개하였다.

물론 이것이 북한 공군의 전부라고는 볼 수 없지만 1992년부터 러시아로부터 MIG29부품을 들여와 몇 대를 조립한 이후 외부로부터 공군장비도입이 없다는 것을 보면 북한 공군의 상황은 한국 공군과는 비교가 안 될 정도로 열세이다. 이를 지켜보는 중국과 러시아의 반응이 흥미로운데 북한을 마지막까지 보호하고 밀어주어야 하는 중국의 입장과, 중국의 페이스에 들어가는 북한을 자신의 편으로 만들려는 러시아가 어떤 형식으로든지 북한의 공해군을 지원하려 할 것이다.

김정일 사후 김정은의 군부대 시찰에도 일정한 변화가 감지되었다. 최근 김정은의 시찰 반경을 보면 외부에서 숙박을 거의 하지 않고 평양에서 차로 하루 사이에 이동할 수 있는 거리인데, 이는 김정은이 평양을 멀리 떠나는 것을 두려워하기 때문이다.

최근 김정은의 시찰에 장성택이나 김경희의 동행률이 낮은 것은 김정은이 평양을 비운 사이에 내부를 지켜본다는 좋은

의미도 있지만 역으로 김정은 모르게 음모를 꾸밀 수 있다는 뜻도 된다. 장성택이나 김경희가 김정은이 없는 시간에 시찰에 동행하지 않는 당과 군대, 보위부와 보안부의 간부들을 불러 자신만의 영역을 구축하는 기회로 이용할 수도 있고, 김정은에 대한 충성이 아닌 자신들에 대한 충성을 유도하는 시간을 가질 수도 있다는 것이다.

현 시점에서 김정은을 보좌하는 노동당과 군부, 보안계통 간부들이 가장 우선시하는 것은 군복무 경험이 적은 김정은이 최고사령관으로서 군대와 인민에게 자신을 어필할 수 있는 기회를 만들어 제공하는 것이다. 그것은 군부대나 경제시찰 같은 것이 아니라 실제적인 군사작전을 말한다.

북한은 핵안보장 정상회담이 서울에서 열리는 2012년 3월 26일과 27일을 놓치려 하지 않을 것이다. 이는 김정일의 사망이 100일이 되며 천안함 사건은 2년이 되는 시점이기 때문이다. 북한이 노리는 것은 최대한의 선전효과다. 그런 만큼 보이지 않는 컴퓨터 바이러스 공격보다는 북한이 자신들의 영해라고 주장하는 서해5도 지역에서의 군사적 도발을 기획하고 있을 가능성이 높다. 세계 각국의 정상들이 서울에 모이는 기회를 이용하여 어떤 형태로든지 군사적 도발을 하면 한국군은 확전을 우려하여 최대한 자제하려고 할 것이며 북한은 이를 김정은의 탁월한 정치, 군사 작전의 성과로 선전함으로써 지위확보에 이용하려고 할 것이다. 북한이 2월 22일 합동성명에서 이회의를 북한에 대한 도발행위로 규정하고 결코 수수방관하지 않겠다고 위협한 것은 군사적 도발을 앞두고 자신들의 행위에 대한 정당성을 확보하려는 것이다.

4월 중순, 김정은 체제에서 처음으로 발을 내딛는 노동당 대표자 회의를 계기로 노동당과 군부의 인사이동이 예견되며 당 중앙군사위원회를 중심으로 하는 국방위원회, 총정치국, 총참모부, 인민무력부, 국가안전보위부, 인민보안부 등 북한 무력기관들 사이의 상호견제와 역할이 더욱 주목된다.

참고문헌

「노동신문」. 1995-2012.2월호.

강연자료. 『존경하는 어머님은 경애하는 최고사령관 동지께 끝없이 충직한 충신중의 충신이시다』. 조선인민군 출판사, 2002, 8.

강연자료. 『미제와의 결사전에 대처할 수 있는 정치사상적 준비를 철저히 갖추자』. 조선인민군 출판사, 2003, 6.

강연자료. 『모든 군인들은 너는 죽고 나는 산다는 혁명적 의지와 락관을 가지고 반미결사전을 더욱 철저히 준비하자』. 조선인민군 출판사, 2003, 5.

군관강연자료. 『군사규률을 강화하기 위한 집중공세를 다시 한번 힘있게 벌리』. 조선인민군 출판사, 2002, 10.

군관강연자료. 『일군들 속에서 술 풍을 없애기 위한 투쟁을 강하게 벌리자』. 조선인민군 출판사, 2002, 1.

조선로동당중앙군사위원회지시 제002호. '전시사업세칙을 내옴에 대하여'. 조선로동당 중앙군사위원회, 2004, 4, 7.

조선로동당중앙군사위원회 명령 제00115호. '무기, 탄약들에 대한 장악과 통제사업을 더욱 개선 강화 할 데 대하여'. 조선로동당 중앙군사위원회, 2004, 3, 10.

조선인민군최고사령관 명령제00163호. '2004년도 조선인민군, 민방위, 인민보안기관 작전 및 전투정치훈련과업에 대하여' 조선인민군최고사령부, 2003, 10, 2.

조선인민군최고사령관 김정일동지께서 주체93 조선인민군 제1128군부대 지휘부와 기술대대 1중대를 돌아보시면서 하신 말씀.2004, 2, 10.

조선인민군최고사령관 김정일동지께서 주체93 조선인민군 제162군부대 직속 통신중대를 돌아보시면서 하신 말씀.2004, 2, 12.

조선인민군최고사령관 김정일동지께서 주체93 조선인민군 제131군부대 지휘부와 직속 공병중대, 땅크종합훈련장을 돌아보시면서 하신 말씀.2004, 2, 24.

조선인민군최고사령관 김정일동지께서 주체93 조선인민군 제272군부대 지휘부를 돌아보시면서 하신 말씀.2004, 3, 6.

학습제강(병사, 사관).『전투훈련을 극악하고 어려운 조건에서 싸우는 군대 맛이 나게 전투적으로 벌릴 데 대하여』. 조선인민군 출판사, 2004.

학습제강(병사, 사관).『투철한 수령결사 옹위정신을 지니고 혁명의 수뇌부를 해치려는 적들의 책동을 단호히 짓부서버릴 데 대하여』. 조선인민군 출판사, 2004.

학습제강(군관, 장령).『혁명적 군풍과 명령지휘체계를 세워 군사규률 문제를 결정적으로 해결할 데 대하여』. 조선인민군 출판사, 2001.

Armstrong, Charles K. *TheKoreas*. New York: Routledge, 2007.

Feffer, John

North Korea South Korea∶ U.S.P.T.C., New York∶ Seven Stories Press, 2003.

Kim, Hak-Joon. North and South Korea∶ *Internal Politics and External Relations* Since 1988. Mississauga；Society for Korean and Related Studies, 2006.

礒崎敦仁, "苦難の行軍から強盛大国論へ."『朝鮮半島と国際政治』. 東京: 慶應義塾 大学出版会, 2005.

小此木政夫.『危機の朝鮮半島』. 東京: 慶應義塾大学出版会, 2006.

沈永三. "北朝鮮の軍事力と東北アジアの安保."『訪日学術研究者論文集』. 東京: 日韓文化交流基金, 2005.

鐸木昌之.『北朝鮮(社会主義と伝統の共鳴)』. 東京: 東京大学出版社, 1992.

함택영. "中朝連合司令部の形成と北朝鮮戦争敗北の教訓"『朝鮮半島と国際政治』. 東京: 慶應義塾大学出版会, 2005.

武貞秀士. "北朝鮮の戦略と軍事力特殊部隊10万の「役割」." Jijitop confidential, 2006, 9, 22.

平岩俊司, "北朝鮮自主路線の講造."『朝鮮半島と国際政治』. 東京: 慶應義塾大学出版会, 2005.

북한을 움직이는 힘, 군부의 패권경쟁

펴낸날   **초판 1쇄   2012년 4월 17일**

지은이   **이영훈**
펴낸이   **심만수**
펴낸곳   **(주)살림출판사**
출판등록 1989년 11월 1일 제9-210호

경기도 파주시 문발동 522-1
전화 **031)955-1350**   팩스 **031)955-1355**
기획 · 편집 **031)955-1377**
http://www.sallimbooks.com
book@sallimbooks.com

ISBN   978-89-522-1795-0   04080

책임편집 **양민**